Inhalt

Einführung

Gedichte sind Briefe
verschlossen
an dich
doch wenn du sie liest
öffnen sie sich

(Walther Petri)

Auch für Kindergedichte gilt, dass sie sich erst im Umgang erschließen. In diesem Buch werden eigene Erfahrungen des Umgangs mit Kindergedichten vorgestellt, die in die Richtung einer gestaltenden Rezeption und einer gestaltenden Produktion weisen.

Es entstand aus der Arbeit mit Studentinnen und Studenten für das Grundschullehramt, die sich zunächst selbst auf verschiedenen Wegen Kindergedichte aneigneten, um diese Erfahrungen dann auf den Unterricht mit Gedichten zu übertragen. Wenn im Folgenden von „wir" die Rede ist, sind stets der Autor sowie seine Seminarteilnehmer gemeint, die sich gemeinsam den lyrischen Texten annäherten und deren Arbeitsergebnisse diesem Buch zugrunde liegen.

Wir gehen davon aus, dass das Lesen Rezeption bedeutet, d. h., ein äußerst aktiver Prozess ist, in dem sich die Erfahrungen aus dem vorgegebenen Text mit unseren eigenen Erfahrungen verbinden und daraus Sinn konstituiert wird; wir geben dem Text Bedeutung und nehmen diese für uns in Anspruch. Auf diese Weise entsteht in unserem Kopf ein eigener subjektiver Text. Wir zeigen, wie wir diesen Rezeptionsprozess nicht im kognitiven Bereich, dem Kopf, belassen, sondern ihn handelnd und materiell gestalten, und zwar für uns und später für die Kinder. Dabei intensiviert sich die Rezeption, und sie verlangsamt sich, was gut für das Lernen ist.

Das Schreiben von Kindergedichten ist ein nächster Schritt. Wir stellen vor, welche Erfahrungen wir selbst dabei gemacht haben, nämlich dass wir nicht wesentlich weiter sind als die Kinder. Auch wir haben Barrieren, zu beginnen und den Respekt vor den Gedichten professioneller Autorinnen und Autoren außer Acht zu lassen, und wir haben Angst, es nicht hinzubekommen. Unsere Ergebnisse haben gezeigt, dass wir uns dichterische Praxis zutrauen können, aber auch, dass wir weiter daran arbeiten müssen.

Die Beispiele unserer eigenen Texte halten wir für den Einsatz im Unterricht durchaus geeignet.

Das Kapitel „Selbst mit Kindergedichten umgehen" möchte Leserinnen und Leser motivieren, sich selbst einmal – spielerisch, gelegentlich, lustvoll – kinderlyrischen Texten zuzuwenden.

Im Kapitel „Didaktische Position" versuchen wir, unsere Erfahrungen in ein literaturdidaktisches Konzept – den handlungs- und produktionsorientierten Literaturunterricht – zu integrieren. Wir erinnern an den Zusammenhang zwischen Lehren und Lernen, wobei sich Lehren moderat in Aufforderungen an die Kinder erfüllt, zu handeln und daran zu lernen. Wir wollen wenige Daten vermitteln, aber solche, an denen sich die Kinder in ihren Handlungen orientieren können.

Für die Leserinnen und Leser kann sich ein Zusammenhang zwischen eigener Praxis und didaktischer Perspektive – eine ähnliche Praxis mit Kindern – ergeben, ein Zusammenhang, den wir für äußerst wichtig und ergiebig halten.

Eine dritte Absicht ist es, eine Auswahl von Kindergedichten vorzustellen. Sie sind in thematische Kontexte gestellt und entsprechend ausgewählt worden. Die Verbindung zwischen Texten und Bildern, zwischen Texten und Themen, zwischen Texten und Gattungen kann auch unterrichtlich von Relevanz sein. Die Mehrzahl der Texte wurde von uns aus Lesebüchern entnommen, es sind also Texte, die bereits als geeignet für Kinder verschiedener Altersstufen ausgewählt wurden.

Das Kapitel „Unterrichtsskizzen" beschreibt die Ansätze, die wir selbst durchgeführt und ausgewertet haben. Sie machen deutlich, dass die konkrete unterrichtliche Praxis wiederum ein Bezugsfeld mit eigenen Gesetzen ist, in denen wir uns bewegen und womöglich unsere hehren Ansprüche etwas zurücknehmen müssen.

Leserinnen und Leser mögen sich hier orientieren oder gar ‚messen', und das nicht im Sinne einer Rezeptologie, sondern um eigene unterrichtliche Erfahrungen, bei denen Kindergedichte oder andere literarische Gegenstände im Mittelpunkt standen, daran ab- und anzugleichen.

Mit „Kindergedichte erleben und verstehen" wollen wir Lehramtsstudierende und Lehrende ansprechen, die in der Primarstufe tätig sind oder tätig sein werden. Wir fordern sie zum kreativen Umgang mit Kindergedichten auf.

Ich bedanke mich bei allen Studierenden herzlich für ihre Mitarbeit, besonders bei den im Buch namentlich genannten!

September 2002   *Claus Forytta*

1 „Ein Krokodil"
von Hanna Muschg –
ein typisches Kindergedicht

Hören wir den Begriff „Kindergedicht", versuchen wir uns zu erinnern. Früher, fällt uns ein, haben wir Gedichte gekannt, in der Grundschule gelesen, auch mal gespielt. Vielleicht können wir auch noch ein Gedicht aufschreiben. Wie begeistert waren wir von ihnen? In der Schule mussten sie immer auswendig gelernt und vor den anderen aufgesagt werden. Das war anstrengend und aufregend!

Was ist eigentlich ein typisches Kindergedicht?

Die Unterscheidung zwischen dem Kinderreim, dem Kinderlied und dem Kindergedicht ist einerseits der historischen Entwicklung der Kinderlyrik geschuldet, andererseits nicht immer kategorisch zu treffen. Wenn wir sagen, dass Kinderreim und Kinderlied mündlich tradierte, funktionale und entsprechend veränderte Texte sind, so sind die Kindergedichte immer einer bestimmten Autorin oder einem bestimmten Autor zuzuschreiben. Diese ausdrücklich für Kinder verfasste Lyrik gibt es seit etwa 200 Jahren, seit Kindheit als eigene Lebensphase anerkannt wurde und ausgelebt werden konnte. Die pädagogische Absicht der Anfänge, mit dem lyrischen Zeigefinger zu drohen, baute sich nach und nach ab, ebenso der herablassende Ton. Die festen Formen wurden zugunsten komplexerer Inhalte gebrochen. Wir wollen nicht näher auf die historische Entwicklung eingehen, sondern uns einem konkreten Beispiel zuwenden, um daran zahlreiche Kriterien festzumachen (s. S. 10).

Dieses Kindergedicht gehört zur „modernen Kinderlyrik", in der die strengen sprachlichen Regeln gelockert und die Kinder deutlich ernster genommen werden. Während beim Kinderreim der Klang, der Reim und der Rhythmus im Vordergrund stehen und beim Kinderlied die Singbarkeit, wird in den Kindergedichten die inhaltliche Aussage betont, und die genannten „paraverbalen" Elemente werden eher zur Veranschaulichung und Verstärkung der Aussage genutzt. Wenn wir der Einteilung in Untergattungen von Magda Motté (1983) folgen, kann dieser Text der Geschehnislyrik zugeordnet werden.

Ein Krokodil

Ich träum, es kommt ein Krokodil
mit einem großen Maul.
Am Tage liegt's auf einem Stein,
am Tage ist es faul.

Und dann am Abend wird es wach
und macht sich auf die Socken.
Es kriecht zu unserm Haus aufs Dach,
da seh' ich es schon hocken.

Und wenn es erst ganz dunkel ist,
dann schleicht es sich heran.
Es will zu mir herein und frisst
mich dann.

Es hinkt durchs Haus, das hör ich doch,
es steigt die Treppe rauf.
Dann kommt's herein durchs Schlüsselloch
und reißt sein Maul schon auf.

Es hat 'ne Menge Zähne in
dem großen roten Rachen.
Und weil es auch noch Flügel hat,
glaub ich, es ist ein Drachen.

Was willst du hier, schrei ich ganz laut,
ich glaub, du willst mich fressen.
Nein, sagt das Krokodil und schaut,
ich hab nur was vergessen.

(Hanna Muschg)

Ein Kind erzählt aus der Ich-Perspektive von seinem Traum, von einem Ereignis, das mit einem persönlichen Problem verknüpft ist. Es ist eine eher kindertypische, nämlich mit reger Fantasie verbundene Angst, die in humorvoller Weise aufgelöst wird. Der Aspekt, dass persönliche oder gesellschaftliche Probleme des Menschen im Gewande einer ‚Geschichte' zur Sprache gebracht werden (vgl. Motté 1983), erfüllt sich hier deutlich.

Ein typisches Kindergedicht ist „Ein Krokodil" auch deshalb, weil es von einer erwachsenen Autorin ausdrücklich für Kinder verfasst wurde. Die Sprache ist ‚verdichtete' Umgangssprache, sie wird zwar nicht so komprimiert gesprochen, aber von den Kindern (zumindest von denen deutscher Muttersprache) verstanden. Der Inhalt des Gedichts ist den Kindern vertraut, entspricht ihren Erfahrungen oder mindestens ihren möglichen Vorstellungen. Es bereitet Erfahrung oder Vorstellung jedoch in besonderer Weise auf, nämlich durch das lyrische Prinzip der Verdichtung (kein Wort ist überflüssig oder redundant in diesem Text) sowie durch bildhafte Verben (z. B. „kriecht", „hocken", „schleicht", „hinkt", „steigt" u. a. m.) und durch Klang, Reim und Rhythmus. Wir erleben „Lautmusikalität" (Reger, 1990, S. 165): klingende Wörter, klanggestaltende Wortfolgen, die die Betonung von Vokalen, aber auch von Konsonanten herausfordern und damit Atmosphäre verbreiten.

In der ersten Strophe sind dies z. B. die Wörter „Maul" und „faul", die die Verse in die Länge ziehen, ebenso zweimal „Tage" statt „Tag", die die träge Stimmung betonen, in der sich das Krokodil befindet. Schon im nächsten Vers, dem ersten der zweiten Strophe, wird die Stimmung gebrochen: „Und dann am Abend wird es wach"; dieser Vers wird sozusagen schneller, während wir ihn sprechen, kulminiert in dem ganz kurzen plötzlichen Wort „wach" usw. Diese Lautsprache akzentuiert die inhaltliche Aussage, verstärkt sie, versinnlicht sie. Sie legt sich wie ein Muster über dieses Gedicht, macht es lautmalerisch in ‚kinderlyrischer' Weise lebendig. Klang besteht in der Nachbildung von Lauten oder in schallnachahmender Wortwahl nach dem Naturlaut oder Klang einer Sache. Laut und Sinn entsprechen sich. Waldmann spricht von „Klangfarben, Klangformen, Klangfolgen" (Waldmann 1988, S. 59 f.).

Die Verse reimen sich zum Ende hin, bei der ersten und der fünften Strophe schweifend (a-b-c-b), bei den anderen Strophen gekreuzt (a-b-a-b). Reim ist der Gleichklang von Wörtern. Er gilt als „Echo des Gedankens", verschnürt die Verse miteinander, bildet Ordnung und Harmonie.

Außerdem sind die Verse rhythmisch gespannt. Der Rhythmus, das ist die Variation des Metrums, die Bewegung der Sprache nach Tempo und Betonung, er bringt das Metrum ins Tanzen, Laufen, Springen, setzt Sinnpausen statt Atempausen. Er ist in unserem Gedicht recht gleichmäßig, d. h., das Metrum, die regelmäßige Tonfolge als Zahl und Abstand der betonten Silben, wird nur geringfügig variiert: mit einer Ausnahme am Ende der dritten Strophe. Hier hat die Autorin den Vers verkürzt, weil ein mögliches und frühzeitiges Ende angedeutet werden soll.

Wiederholungen – einprägsames und festigendes Element lyrischer Sprache – finden wir im dritten und vierten Vers der ersten Strophe („am Tage"), weiter im vierten Vers der fünften Strophe und zwei Verse weiter („glaub ich", „ich glaub").

Auch Alliterationen (Gleichklang der Anfangslaute von zwei oder mehr Wörtern, eigenwertiges Klangmerkmal) fehlen nicht: „Es hinkt durchs Haus" – Vers 1/Strophe 4, „… roten Rachen" – Vers 2/Strophe 5 usw. Der inhaltliche und formale Aufbau von „Ein Krokodil" ist also kindgerecht, d. h., wir haben eine „überschaubare Gliederung, ein einfaches Metrum, Endreime, Wiederholungen und deutliche Kontraste" (Motté 1989, S. 19). Obwohl der Text eine klar aufgebaute Handlung beschreibt, lässt er der Fantasie des lesenden Kindes Raum, weil die Geschehnisse selber fantastisch sind und in der Vorstellung konturiert werden müssen.

„Ein Krokodil" ist ein typisches Kindergedicht. Es bedient sich der Sprache, die für alle Lyrik gilt: Verse, Strophen, Metrum, Bilder, hebt jedoch die sinnlich-emotionalen Mittel hervor: Klang, Reim und Rhythmus, und das in Richtung der Kinder. Klang bringt die Wörter zum Klingen, häufig bedeutsam, sodass sie dem ganzheitlichen Verständnis dienen können. Reim ordnet das Geschehen, dient der Einprägung und dem Gedächtnis. Rhythmus schließlich betont die Bewegung, die Kindern allemal angemessen ist und ihrer allseitigen Aktivität entgegenkommt.

2 Selbst mit Kindergedichten umgehen

Im Weiteren werden wir immer wieder auf die Notwendigkeit verweisen, kinderlyrische Texte nicht nur zu lesen, sondern zu ‚behandeln'. Was heißt das? Orientiert an dem didaktischen Konzept eines „handlungs- und produktionsorientierten Literaturunterrichts" (Waldmann 1984) gelten Texte nicht als objektive Vorlagen, deren Sinn zu erleben und nachzuvollziehen ist. Texte sind vielmehr einerseits ‚entstandene' Texte, also solche mit einer von den Autoren bestimmten Geschichte, andererseits sind sie ‚Aufforderungen' an die Rezipienten, ihren Sinn eigens zu konstituieren, ihn handelnd und produzierend zu ‚erfinden'.

Erschließung gilt jetzt als Erarbeitung, nämlich als Handlung, in der die Erfahrungen des Textes mit den Erfahrungen des Rezipienten überein gebracht werden. Wir steigen in die Texte ein, bewegen uns in ihnen, verbinden sie kognitiv und affektiv mit unserer persönlichen Welt, führen sie unserem individuellen Verständnis zu, das wir dann *produktiv* ausführen. Erst der von uns produzierte – umgeformte, medial veränderte, ergänzte, verspielte – Text ist der eigentliche: unser Text. Und er enthält die Auseinandersetzung und den Sinn, der für uns gültig ist. – Die anschließenden Beispiele sind deshalb äußerst unterschiedlich und recht ausführlich dargestellt.

Kindergedichte gestalten

„Die Welt zuunterst – zuoberst" von James Krüss (nach W. B. Rands)

Warum gerade dieses Gedicht (s. S. 14)? Wir suchten nach einem Text, zu dem uns auf Anhieb mehrere Möglichkeiten zur Umsetzung einfielen. „Die Welt zuunterst – zuoberst" gefiel uns sofort, weil es so merkwürdig und gleichzeitig so lustig war. Außerdem hatte es genau das, wonach wir suchten: viele sprachliche Bilder. Sie stützten unsere Idee, etwas zum Anfassen zu schaffen. Wir versuchten uns diese beschriebene Welt vorzustellen.

Die Welt zuunterst - zuoberst

Wenn man Kirchen baut auf dem Meeresgrund
Und drei mal vier ist neun,
Wenn der Falter spielt mit der Biene und
Mit dem Tintenfisch das Schwein,
Wenn das Pony auf seinen Reiter hopst,
Wenn die Blumen fressen die Kuh,
Wenn die Maus der Katze den Milchbrei mopst
Und der Kater schaut dabei zu,
Wenn Mutter gibt unser Baby her,
Noch dazu für wenig Geld,
Wenn ein feiner Herr eine Dame wär,
Wär zuunterst - zuoberst die Welt.
Doch wenn solche Wunder geschehen,
Zu Land, in der Luft, auf dem Meer,
Dann könnte ich sie verstehen,
Weil ich innerhalb - außerhalb wär.

(Aus dem Englischen von James Krüss
nach William Brighty Rands)

Doch zunächst lasen wir das Gedicht und besprachen, wie man es vortragen könnte. Die Gestaltung des Gegensätzlichen war dabei sehr wichtig. Unterschiedliche Vorleser sprachen den Text auf Band, den Titel und dann abwechselnd die einzelnen Verse, um den sprachlichen Kontrast hervorzuheben. Das fiel uns am Anfang sehr schwer. Wir mussten aufeinander achten, auf unsere unterschiedlichen Lesarten, um das Tempo anzugleichen.

Unsere Idee einer bildlichen Umsetzung verfolgten wir weiter. Dabei kamen uns abenteuerliche Gedanken, weit ab von der Collage, die wir ursprünglich anfertigen wollten. Von dem Modell einer Plastikkuppel bis zur Installation reichte unsere Fantasie. Wie sind die beiden Perspektiven „innerhalb" und „außerhalb" darstellbar? – Wir erinnerten uns an einen Besuch im Museum Weserburg. Dort hatte ein Künstler ein Arrangement – ein Tisch mit Glasplatte, auf der eine Bierflasche und ein Aschenbecher standen, daneben lag ein Flaschenöffner – gespiegelt, indem er die drei Gegenstände nochmals unter der Glasplatte und ein drittes Mal auf einem Spiegel am Boden angebracht hatte. So entstand die Wirkung einer unendlich vielfältigen Spiegelung einfacher Gegenstände. Die Idee „Spiegel" war geboren. Er verdreht alles, was er wiedergibt, stellt gleichzeitig die Welt auf den Kopf.

Woher bekamen wir einen Spiegel, der groß genug war, um eine ganze Welt darauf unterzubringen? Wieder einmal standen wir vor dem Problem der Realisierbarkeit, das schon einige Ideen zum Scheitern brachte. Spiegelglas kann leicht brechen, nur einmal mit Dingen beklebt werden. Zum Glück fand jemand einen alten entbehrlichen Badezimmerspiegel auf dem Dachboden. Was sollten wir jetzt als Material für die „Welt" nehmen? Wir brauchten etwas, das nicht auf dem Spiegel haften blieb. Knetmasse lässt sich leicht formen, man kriegt sie von dem Spiegel jederzeit wieder ab, und es macht Spaß, mit ihr zu arbeiten. Wir kneteten also zu dem Gedicht. Zusätzlich wollten wir die einzelnen Figuren noch verfremden, indem wir ihnen unverhältnismäßige Größen gaben: Die Blume, die die Kuh frisst, wurde kuhgroß und die Kuh blumenklein. Das Pferd, das auf seinen Reiter hopst, wurde orange und blau, der Reiter minimalistisch, nur an der Anatomie zu erkennen. Den Falter und die Biene steckten wir auf zwei dünne Drähte, um den Effekt des Schwebens darzustellen.

Bei einer Präsentation lassen wir das Objekt betrachten, während wir die Verse vorlesen.

(Inga Weiland)

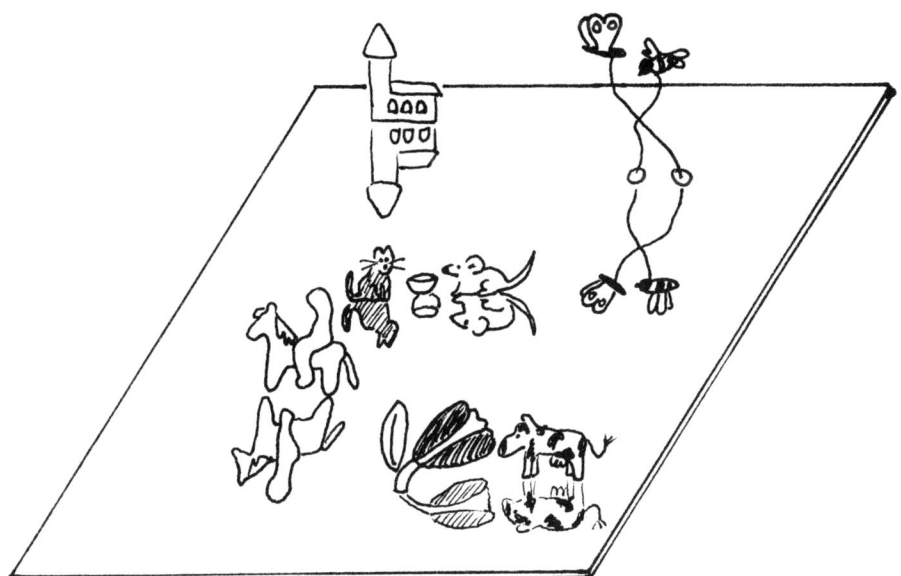

Objekt zu dem Gedicht „Die Welt zuunterst – zuoberst" mit Knetmasse und Draht auf einer Spiegelplatte

„Das Herz" von Erwin Grosche

Das Herz

Herz Herz Herz
Herz Herz Herz
Herz Herz Herz
Herz Herz Herz

Herz Herz Herz
Herz Herz Herz
Herz Herz Herz
Herz Herz Herz

Herz Herz Herz
Herz Herz Herz
Herz Herz Herz
Herz Herz Herz

(Fühle dein Herz und sprich die erste Strophe so wie dein Herz schlägt. Die zweite Strophe sprich aufgeregt und unruhig, so als hättest du vor etwas Angst. Die letzte Strophe kannst du langsam und ruhig sprechen, so als wollte das Herz aufhören zu schlagen.)

(Erwin Grosche)

Bei der Umsetzung dieses Gedichts hatten wir zuerst die Idee, dem Text Lichteffekte einzupassen und den einzelnen Strophen dadurch unterschiedliche Stimmung zu verleihen. Dem Auftrag Grosches folgend (siehe oben), horchte jede ins Innere, aber bei jeder von uns klang es verschieden. Welche Farbe, welches Licht waren dann angebracht? Die zweite Strophe verbanden alle mit Angst und wollten ihr schwarz zuordnen, vielleicht noch angstmachende Geräusche dazu. Bei der dritten Strophe assoziierten wir Ruhe und Zufriedenheit, aber bei der Zuordnung von Farben – blau oder eher weiß? – wurden wir uns nicht einig.

Wir ließen diese Idee fallen, nahmen eine andere auf: ein Theaterstück. Wir suchten nach Situationen im Alltag, in denen sich verschiedene Grundstimmungen abwechseln, zum Beispiel im Schulalltag. Eine Klassenarbeit steht an. Einige Schüler sind nervös, weil sie nicht wissen, ob sie alles gelernt haben. Andere sind in freudiger Erwartung. Wieder andere fühlen sich gleichgültig. Aber wie sollten wir das darstellen, wir spürten zu viel Abstand zu den Kindern. – Nein! Kinobesuch ist viel besser. Welche drei Szenen? Erste Szene: Wir kommen – mit Popkorn und Getränken ausgestattet

– ins Kino und verhalten uns so, wie man das vor Beginn eines Films macht. Wir sprechen miteinander. Dabei benutzen wir Wörter wie „herzzerreißend, herzlich, Herzchen" usw., Wörter, die unseren Dialog bestimmen. An die Wand werfen wir das Plakat des Kinofilms. Zu hören sind normale, mäßige Herztöne. Plötzlich halten wir inne – Ende der ersten Strophe – und sitzen unbewegt. Wir schauen weiter den Film, der immer spannender wird. Eine rutscht immer tiefer in den Sitz hinein, die andere nimmt die Hand ihrer Nachbarin. Sie schaut weg …

An der Wand ein Totenkopf. Erschrecken und Panik. Schnelle laute Herztöne sind zu vernehmen. Wieder halten wir inne und werden starr zum Ende der zweiten Strophe. Das Bild wechselt. Es zeigt Fußabdrücke im Sand, d. h. Ruhe, Frieden, ein gutes Ende. Eine ruht im Kinosessel, die andere lehnt sich bei ihrer Nachbarin an, sie hat die Augen geschlossen. Und die hörbaren Herztöne sind jetzt langsam und voller Gleichmaß. Sie klingen aus. Der Film ist zu Ende. Wir sitzen noch einen kurzen Moment.

(Jana Vokrouhlik)

„Die Rache" von Rosita Davidson

Wir entschieden uns für „Die Rache" (s. S. 18), weil dieses Gedicht eine komplette kleine Geschichte erzählt, deren witzige, aber auch wahre Botschaft nicht kompliziert verpackt, sondern klar herauszulesen ist. Das Verlangen, sich rächen zu wollen, uns allen wohl bekannt, wird für die Leser nachvollziehbar geschildert. – Beim Lesen entstanden drei ganz verschiedene Artikulationen. Jeder setzte durch seine Betonung andere Wichtigkeiten. Zwei unterschiedliche Bedeutungen ergaben sich schon in dieser kurzen Sequenz: „Was *soll* das bloß?" oder „Was soll *das* bloß?". Wir sammelten erste Ideen zur Umsetzung. Erstaunt stellten wir fest, dass zwei von uns sofort nach dem ersten Hören die gleichen Assoziationen hatten, nämlich an eine ganze Reihe einzelner Bilder dachten, die in witziger Form einzelne, den Verlauf der Geschichte charakterisierende Situationen widerspiegeln. Welche Form der Umsetzung bot sich also besser an als ein Comic?

Wir zeichneten erste Karikaturen, schmunzelten, lachten. Im Eifer kam es sogar zu vereinzelten schauspielerischen bzw. pantomimischen Darstellungen, und während dieser Aktionen entstanden in unseren Köpfen mehr und mehr Bilder, die wir zeichnerisch festhielten und später – ausgefeilt – verwenden wollten. Großen Spaß hatten wir an dem Schreckmoment Nödels. „Auf jeden Fall müssen dem die Augen aus dem Kopf fliegen und das Gebiss womöglich auch."

Die Rache

Nödel war sauer.
Irgendeiner,
wohl ein Elefant,
machte gegen sein Haus.
Das war doch allerhand!
Jeden Tag.
Die Wand war nass.
Das war doch kein Spaß!
Nödel lag in der Nacht
auf der Lauer
schon seit Stunden
hinter einer Mauer,
den Tatort gut im Blick.
Doch kein Elefant weit und breit,
Nödel war es langsam leid.
Nur eine kleine Maus kam daher,
blieb stehen und ...
und?!
Sie tat's!
Sie war's!
Sie tut's noch immer,
ein Bach, ein Meer,
es wird immer schlimmer.
He! Rief Nödel,
was soll das sein!
Och, grinste die Maus,
ich mach nur mal klein
und schon war sie weg.
Doch Nödel verfolgte die Spur der Maus
und machte einen dicken Kloß
direkt vor ihr Haus.
He! Schrie die Maus,
was soll das bloß!
Och, lachte Nödel,
ich mach nur mal groß.
Seither ist nichts mehr geschehen,
Nödel hat die Maus nie mehr gesehen.

(Rosita Davidson)

Über jeden Punkt wurden wir uns einig und auch bei dem Gesamtbild unseres Helden kamen wir auf einen Nenner: „Der Typ soll groß und schlaksig aussehen und ziemlich tollpatschig wirken ... Witzig wär's, wenn er eine kurze Hose trüge und seine stoppeligen Beine daraus hervorguckten ... Außerdem braucht er Sandalen und eine unheimlich große Nase ..."

Zusätzlich wollten wir eine witzige Nebenfigur schaffen, einen Vogel, der in vielen Bildern als Begleiter Nödels auftaucht und die jeweilige Situation kommentiert.

Nun ging es also daran, den Text in acht, seinen Verlauf charakterisierende Zeichnungen zu verpacken. Hierfür lasen wir das Gedicht alle noch einmal leise durch und machten dann unsere Vorschläge. Erstaunlicherweise ließen sich die Verse perfekt in acht Abschnitte einteilen, die wir durch kleine Striche auf dem Papier kennzeichneten. Auf diese Weise war festgelegt, was auf den einzelnen Bildern passieren sollte. Nun mussten wir uns nur noch über die genaue Darstellungsweise einigen. Wir notierten Stichwörter, aus denen wir kurze Sätze formten. Diese lieferten eine Art Drehbuch für unseren Comic (s. S. 20).

Bild 1: Der Held der Geschichte, Nödel, gerade aufgestanden, steht gähnend vor seiner Haustür. Ein Vogel sitzt in einem Bäumchen und zwitschert. Die Atmosphäre ist friedlich-fröhlich. Nödel ahnt noch nicht, was für den Betrachter bereits sichtbar ist: An seiner Hauswand befindet sich ein großer nasser Fleck.

Bild 2: Nödel bemerkt mit großem Schrecken das Malheur, seine Augen treten hervor, sein Gebiss fliegt raus, sein Arm schnellt in die Höhe ... Auch der Vogel schaut verärgert auf den Fleck.

Bild 3: Nödel macht sich über den Täter Gedanken. Er stellt sich einen pinkelnden Elefanten vor (Denkblase). Hier taucht ein kurzer Textauszug auf: „Nödel war sauer. Irgendeiner, wohl ein Elefant, machte gegen sein Haus. Das war doch allerhand!"

Bild 4: Text: „Nödel lag in der Nacht auf der Lauer...". Nödel hockt lauernd hinter seinem Bäumchen und beobachtet seine Hauswand. Der Vogel nimmt etwas gelangweilt daran teil.

Bild 5: Es hat stark zu regnen begonnen. Nödel verharrt immer noch auf seinem Posten. Diverse Zigarettenstummel, ein angebissenes Sandwich und eine leere Flasche lassen darauf schließen, dass er dort schon lange sitzt. Der Vogel ist bereits eingeschlafen. Hier lautet der Text: „Doch kein Elefant weit und breit, Nödel war es langsam leid."

Bild 6: Text: „Nur eine kleine Maus kam daher, blieb stehen und … und?! Sie tat's! Sie war's! Sie tut's noch immer!" Ein völlig verwirrter Nödel und der Vogel bemerken die kleine, in hohem Bogen an die Hauswand pinkelnde, einen Bach hinterlassende Maus.

Bild 7: Nödel verfolgt, bewaffnet mit einer Lupe, die Spur der Maus, die in weiter Ferne pfeifend ihres Weges zieht. Der Vogel begleitet ihn im Flug. Text: „… und schon war sie weg. Doch Nödel verfolgte die Spur der Maus und …"

Bild 8: Nödel ist im Begriff, vor der Haustür der Maus sein Geschäft zu verrichten. Der Vogel schließt sich Nödels Vorhaben an. Die Maus tobt vor Wut, Augen und Gebiss fliegen raus, Arm schnellt in die Höhe.

Zeichenversuche hatten wir alle unternommen. Da aber jedes Bild des Comics in der gleichen Weise gezeichnet sein sollte, einigten wir uns darauf, dass nur eine von uns die Bilder malte. Sie musste unsere gesammelten Ideen mit nach Hause nehmen und mit einem schwarzen Stift auf weißem Papier zu einem Ganzen werden lassen.
Das Ergebnis gefiel allen gut. Wir mussten herzhaft lachen.

(Janine Tanriverdi, Melanie Heins, Katharina Rohlje)

Kindergedichte schreiben

Zur Vorbereitung auf Unterricht mit Kinderlyrik haben wir versucht, eigene Gedichte zu schreiben, Gedichte für Kinder, die unseren Ansprüchen genügen. Dabei meinten viele, am Punkt null beginnen zu müssen. Es gab sogar Verweigerungen mit dem, was sicher auch die Kinder sagen: Ich kann das nicht! In einer Lyrikwerkstatt wählten wir zunächst kleine Arbeiten zu Reimen, zu Wortklängen, zu Sprachspielen, zu rhythmischen Versen aus und kamen zu kleinen Ergebnissen, die uns ermutigten.
  Im zweiten Schritt fragten wir uns: Worüber möchte ich ein Gedicht verfassen und wie soll es aussehen? Der thematischen Auswahl waren keine Grenzen gesetzt. Eigenes Erleben und Erinnern wurde für viele der Ausgangspunkt: „Ich lag am Weserufer und schaute ruhig in die Wolken. Sie bewegten sich, türmten sich auf, bauten Figuren … Das war mein Thema: *Wolkenträume.*" „Ich erinnere mich an meinen ersten Schultag. Da hatten meine Eltern die Schultüte vergessen, und ich war die Einzige, die keine hatte. Thema: *Der große Tag.*" „Kinder mögen Tiere. Ich wähle ein Tier, das

sie vielleicht gar nicht oder nur aus dem Fernsehen kennen: das Nilpferd, und ich stelle es den Kindern vor: *Hippo.*" Die ersten Schreibversuche waren naiv. Wir standen absolut am Anfang. Keine von uns hatte je ein Gedicht geschrieben.

Wir richteten Textkonferenzen ein, also Gespräche über unsere Texte, in denen Kritik und Verbesserungsvorschläge geäußert wurden, und zwar von anderen, die in derselben Situation waren. Gerade darum wurde es möglich, über andere Textversuche zu urteilen, sie ernsthaft zu prüfen und zu verbessern. Wir hatten uns Kompetenz erarbeitet. Reicht sie auch für den Unterricht mit unseren Gedichten? Wir meinen schon. Eigene Gedichte führen zu einem eigenen Gedichtbegriff, damit zu einem Verständnis, das ein Selbstverständnis ist. Aus ihm heraus lassen sich allemal didaktische Fantasien entwickeln, vielleicht echtere, als die angelesenen es sind.

Für die Kinder können unsere Gedichte Textangebote sein, die von den Autorinnen und Autoren authentischer vertreten werden. Und sie können Aufforderungen sein, selber Gedichte zu schreiben. Wir sind auf jeden Fall kompetent, die Kinder auf den verschlungenen Wegen zu begleiten, die wir selbst gegangen sind.

Unsere eigenen Texte

Vor dem Spiegel

Ich gucke in den Spiegel
und denke schon: wie übel.
Guck einmal hin, guck zweimal hin:
Kann das denn sein, dass ich das bin?

Sah man schon so 'ne kleine Nase?
Trägt sonst doch nur der Osterhase.
Und obendrauf 'ne Sommersprosse
lacht mich frech an und macht 'ne Posse.
Na warte nur, jetzt hau ich dich!
Au weia weh, das war ja ich!

Kleine Nase,
Osterhase,
Sommersprosse,
und 'ne Posse,
sag ich zu dir:
das passt zu mir.

Ich gucke in den Spiegel
Und denke nur: nicht übel.
Guck einmal hin, guck zweimal hin –
was für ein Glück,
dass i c h das bin!

(Swantje Rostock)

Manchmal

Manchmal wär' ich gern ein reicher Mann,
der alle Wünsche erfüllen kann.
Zähle jeden Tag mein Geld,
kaufe mir die ganze Welt.

Manchmal wär' ich gern ein großer Bär,
habe keine Ängste mehr,
halte bei den Kindern Wacht,
fürchtet keines mehr die Nacht.

Manchmal wär' ich gerne Astronaut,
der vom Mond zur Erde schaut.
Fliege durch Planet und Sterne
immer weiter in die Ferne.

Manchmal wär' ich gern Pirat,
Augenklappe, langer Bart.
Suche überall nach Schätzen
an den unbekannten Plätzen.

Manchmal aber fällt mir ein,
einfach nur ich selbst zu sein.

(Dörte Kaufhold)

Regentropfenmelodie

Wir plitschen und platschen
Und trippen und trommeln;
Wir nieseln und strömen, wie's uns gefällt.
Plitsch! Platsch!
Wir ziehen in Wolken über das Land.
Wir wässern die Blumen
und löschen den Brand.
Plitsch! Platsch!
Wir klitschen und klatschen
und schwippen und schwappen;
wir lassen uns fallen, wie's uns gefällt.
Plitsch! Platsch!
Die Sonne, sie trocknet und trägt uns hinauf,
so finden wir wieder in unseren Lauf.
Plitsch! Platsch!

(Kristina Kirschke)

TV

Wochenende Fernsehknopf
freitags schon im Schülerkopf.
Montag früh: Hast du gesehn
Samstagabend spät um zehn
den Terminator?
Deutsch, Arabisch,
Russisch, Getuschel,
einziges Heldengewuschel.
Und ich bin der Lehrer,
gebe nichts drauf,
aber ich gebe
auch nicht auf.

(Simone Treunert)

Im Kinderzimmer

Geh ich schlafen, merke ich,
mein Zimmer, das verändert sich.
Alles um mich wird lebendig
und das Spielzeug unverständig.

Kasperl hüpft aus seiner Truhe,
bringt die andern aus der Ruhe.
Hündchen mit den feinen Nasen
spiel'n Verstecken mit den Hasen.

Kater jagt die schnelle Maus,
Bär baut sich ein Legohaus.
Radio klingt, die Puppe springt.
Von Chaos scheine ich umringt.

Äffchen mit dem langen Schwanz
macht 'nen Riesen-Affentanz.
Tiger mit den scharfen Krallen
ist jetzt tüchtig lieb zu allen.

Und die kleinen Tiere streiten,
wollen auf dem Pony reiten.

Ach wie gern würd ich erwachen,
spielen mit den schönen Sachen.
Doch
sind die Augen offen kaum:
Aus der Traum!

(Margot Ciesla)

Sei still!

Draußen ist es heiß, wir schwitzen.
Was tun wir hier? Die Zeit absitzen?
Andre Stunden, andres Denken,
was wir tun? Die Zeit verschenken!
Nicht aufgepasst! Was soll ich machen?
Schon zu spät, die andren lachen.
Was interessiert, tut nichts zur Sache.
Wichtig ist, dass ich das mache,
was der Lehrer von mir will:
Sei still! Sei still! Sei still!

(Kristina Lilie)

Wo ist denn bloß das Licht?

Es knackt und knarrt dort an der Wand,
und plötzlich grunzt was laut.
Am Tisch dort hinten grollt etwas,
im Kleiderschrank, da schmollt etwas,
das knarrend keuchend haut.

Ich starre in die Dunkelheit,
und seh nur Schwarz und Grau.
Da drüben kann ja gar nichts sein!
Da drüben könnte doch was sein,
das mich im Bett anschaut?

Jetzt hört sich's nämlich ganz so an,
als wüchs dem Stuhl ein Arm.
Der Arm, der fasst und greift mich,
ein langer Finger kneift mich,
und irgendetwas beißt mich.
Was hab' ich nur getan?

Im Zimmer wird es schrecklich laut,
doch Mama hört es nicht.
So schreie ich und weine
und fühl' mich so alleine!
Wo ist denn bloß das Licht?

(Philip Errington)

Nachtwanderung

In der finstren finstren Nacht
Kinder ha'm sich aufgemacht,
in den dunklen Wald zu gehen
dem Schrecken ins Gesicht zu sehn.

In dem fahlen Fackelschein
düster anzuschaun, gemein
waren dort dunkle Gestalten
schwarz am Wirken und am Walten.

Angst und bange ward den Kleinen,
und sie fingen an zu weinen
und sie klammerten sich feste
an des Nachtbetreuers Weste.

Plötzlich rasende Gespenster
sprangen aus dem Farnenfenster.
Schreiend liefen alle fort,
suchten einen sichren Ort.

Da erst wurde ihnen klar,
wer in den Gestalten war:
Freunde hatten sich bedeckt
und schon früh im Wald versteckt.

Und da wurd' die Miene hell,
und die Kleinste sagte schnell:
Äh – ich hatt' kein Angst und Leid,
wusste ja, dass ihr das seid.

(Stefan Wöste)

Allein

Die Tür –
fällt zu.
Allein!

Es knackt –
ich horche.
Wieder!

Es raschelt –
ich lausche.
Still!

Mama? Papa?
Niemand da.
Knack!

Es klopft –
ich horche.
Plock!

Es rauscht –
ich lausche.
Wind!

Hab Angst –
schlafe ein.
Allein!

(Sina Stuve)

Schmelzender Traum

Es ist hechel schnauf heiß,
mir rinnt der perle nasse Schweiß,
ich möchte ein schlecker lecker Eis,
hab aber nichts kein klimper Geld,
was mir maul graul nicht gefällt.
Wer schenkt mir runde blanke Mark?
Das wäre megamäßig stark.
Zwei Kugeln süße braune Schokolade.
Nein? Jammer schnief schade.

(Friederike Raube)

Ohne Ziel

Wenn alles ein Sturm wäre
und ich ein Blatt,
wehte hilflos umher
ohne Ziel.

Wenn alles ein Strudel wäre
und ich ein Hölzchen,
triebe hilflos umher
ohne Ziel.

Wenn alles dunkel wäre,
ich hätt' kein Licht,
stolperte hilflos umher
ohne Ziel.

Ohne Ziel?
Ist alles nur ein Sturm, ein Strudel
oder eine einzige Dunkelheit?
Ist da nicht mehr?

(Sebastian Mittelstorb)

Fliegenspiel

Langeweile naht heran,
fühl mich träge und ganz schwer.
Nur ein dicker Brummer brummt
durch mein Zimmer um mich her.

Ob er auch so einsam ist
diesen trüben Nachmittag?
Keine Freunde weit und breit,
nichts zu tun, was ich tun mag.

Doch was macht der Brummer jetzt,
diese freche flotte Fliege?
Setzt sich einfach in mein Ohr;
fragt mich, ob ich sie wohl kriege.

Hey das kitzelt und na warte,
schreie ich und springe auf.
Während nun der Brummer flüchtet,
greif ich ihn in meinem Lauf.

Doch entwischt er immer wieder,
dieser kleine Bösewicht.
Über Tisch und über Stühle
spring ich, fliegen kann ich nicht.

Bin schon völlig außer Atem,
als ich Brummi endlich fang.
Doch ich lass ihn wieder fliegen,
fängt das Spiel von vorne an.

Vergessen ist die Langeweile,
oder hab ich's nur geträumt?
Spielte Kriegen mit 'ner Fliege.
Brummi ist mein neuer Freund.

(Jana Meldau)

Hoffnungsschimmer

Grau
leere Straßen
verlassene Häuser

eine gelbe Blume, dazwischen, mittendrin
wie die Sonne leuchtend

verlassene Häuser
leere Straßen

grau
ein kleines helles Schimmern
füllt die Leere.

(Gabriele Schubert)

Schreibtagebuch 1: Wolkenträume

Ein Gedicht soll es sein.
 Worüber möchte ich schreiben?
 Ich glaube, wenn man ein Gedicht schreiben soll, muss man in der passenden Stimmung dafür sein. In meinem Gedicht soll ein Thema zum Ausdruck kommen, mit dem sich die Kinder identifizieren können. Gedanken für Gedichte muss man schimmern und flattern lassen. Ich sitze am Strand und beobachte meine Umgebung. Mein Blick bleibt an den Wolken haften. Wie oft habe ich mir als Kind die Wolken angesehen, wenn der Wind mit ihnen spielte und immer neue Tagträume zusammenblies. Tagträume – Wolkenträume, ist es das, wonach ich gesucht habe? Mal sehen, ob ich Worte finden kann …

Wolkenträume

Drachen, Engel, Bäume und Piraten / das sind Gestalten / die in den Wolken auf dich warten / Mal sind sie weiß und grau / mal rosa und blau / und manchmal sogar schwarz / wie die Nacht / obwohl man schon Tage zählt / Du hast es dir ausgewählt / Sehe du ruhig deinen Drachen / auch wenn andere darüber lachen / Erzähle ihnen aus deinem Leben / und du wirst sehen / dir wird etwas zurückgegeben / Mal sind sie weiß und grau / mal rosa und blau / und manchmal sogar schwarz / wie die Nacht / Die Fantasie ist erwacht / und du kannst reisen in den Wolken / solange sie dir etwas bedeuten //

Auf den ersten Blick gefällt es mir. Aber vielleicht ist es doch zu bedeutungsträchtig? Ich will es einige Tage lang auf mich wirken lassen. Ich muss ein Reimschema finden, damit mein Gedicht mehr Klarheit bekommt. Ein paar Tage später habe ich „Wolkenträume" noch einmal verändert, doch zufrieden war ich noch lange nicht. In einem Gespräch mit dem Dozenten erhielt ich neue Denkanstöße. Kleinste Veränderungen – so mein Eindruck – gaben dem Gedicht ein neues Gesicht, z. B. das Austauschen (kursiv) oder Auslassen (—) von Wörtern. Mein Text nach der Änderung:

Wolkenträume

Drachen, Engel, Bäume und Piraten / *großartige* Gestalten / die in den Wolken auf dich warten / Mal sind sie weiß *oder* grau / mal rosa und blau / und manchmal – schwarz / wie – Nacht / obwohl man noch Tag zählt / Du hast es dir ausgewählt / Siehe du ruhig deinen Drachen / auch wenn andere / ein *wenig* lachen / Erzähle ihnen aus deinem Leben / und du wirst sehen / dir wird etwas zurückgegeben / Lese Geschichten in den Wolken / und denke darüber nach / was die Ereignisse bedeuten / Mal sind sie weiß und grau / mal rosa *oder* blau / und manchmal – schwarz / wie – Nacht / Die Fantasie ist erwacht / und du kannst *deinen Mut beweisen / immer weiter* / in den Wolken reisen //

Mit diesem Text ging ich in die nächste Schreibkonferenz. Ich wurde auf Stellen verwiesen, die nicht klingen und einen unreinen Reim aufweisen. Wir suchten nach neuen, anderen Reimwörtern, die mich wiederum auf neue Ideen brachten. Ich kam mit neuen Veränderungen voran.

Den Veränderungsprozess fand ich sehr spannend. Er machte mir auch deutlich, dass ich in einer Gruppe wie der Schreibkonferenz den Mut haben musste, andere Meinungen zu ertragen und zu akzeptieren, und zwar zu meinem ganz persönlichen Gedicht. Auch die Zeit schien ein wesentlicher Faktor zu sein, Zeit, Vertrauen zu dem Text zu gewinnen und dann wieder Distanz, die Veränderungen zuließ. Meine inzwischen siebte Version – jetzt endlich in Strophen eingeteilt – lautet:

Wolkenträume

Drachen, Engel und Piraten / großartige Gestalten / die in den Wolken auf dich warten //
Mal sind sie weiß und grau / mal rosa oder blau / und manchmal schwarz / wie Nacht / Zauberwelt von dir erdacht //
Siehe du ruhig deinen Drachen / auch wenn andere / ein wenig lachen //

Lese Geschichten hoch am Himmelszelt / und reise mit Engeln /
wie's dir gefällt //
Mal sind sie weiß und grau / mal rosa oder blau / und manchmal
schwarz / wie Nacht / Fantasie ist erwacht //
Piraten können bei dir sein / zuhören, trösten / du bist nicht allein! //

Aber auch dies sollte noch nicht die endgültige Fassung sein. Ich bekam
wieder Abstand zu meinem Gedicht. Beim späteren Lesen fielen mir sofort
nötige Veränderungen, Verbesserungen ein: Aus „großartig" wurde „ma-
gisch", aus „siehe" wurde „kämpfe", aus „ein wenig" musste „drüber" werden, andere Korrekturen – wie ich sie inzwischen nannte – brauchten län-
ger und bereiteten Schwierigkeiten. Die letzte Fassung ließ ich stehen, ein
wenig trotzig, ohne wirklich zufrieden zu sein:

Wolkenträume

Drachen, Engel und Piraten
magische Gestalten
in den Wolken auf dich warten

Mal sind sie weiß und grau
mal rosa oder blau
und manchmal schwarz
wie Nacht
Zauberwelt von dir erdacht

Kämpfe mutig mit dem Drachen
auch wenn andre
drüber lachen

Reise mit Engeln durch die Welt
und lies Geschichten
am Himmelszelt

Mal sind sie weiß und grau
mal rosa oder blau
und manchmal schwarz
wie Nacht
ist die Fantasie erwacht

Piraten können bei dir sein
zuhören trösten
– nicht allein

Mein Gedicht ist trotz aller gemeinsamen Arbeit mein Gedicht geblieben. Mit der letzten Zeile bin ich immer noch nicht zufrieden. Würde ich weitermachen, würde wieder etwas Neues entstehen – eben Wolkenträume.

(Ruby Räcker)

Schreibtagebuch II: Urian, 13, cool

Inhalt und Konzept bilden

Ich kenne einen Jungen von 13 Jahren, Urs. Er ist sehr selbstbewusst, steckt in der Pubertät. Er versucht stets cool zu sein, d. h., seine Gefühle zurückzuhalten, sich abzuwenden, sich in sich zurückzuziehen. Aber er lebt diese Haltung sehr bewusst, zuweilen fast spielerisch. – In einem Artikel im „Weser-Kurier" vom 18.3.2000: „Null Bock, maulig, stets contra" las ich: „Mit der Pubertät beginnt häufig die Revolution in den eigenen vier Wänden." Als Empfehlung für die Erwachsenen ist angefügt, diese Haltung der Jugendlichen zu beobachten, zu genießen, ernst zu nehmen, zu tolerieren, nicht lauthals abzuwehren.

Meine Erfahrungen mit Urs und die Aussagen in dem Artikel verbanden sich zu der Idee, beide Aspekte, den der Beschreibung des Coolseins und den der Begründung, der unsere erwachsene Orientierung sein sollte, in einem Text darzustellen. Ich wählte den Namen ‚Urian', weil Urs nicht genannt werden wollte. Mein Text sollte selber cool sein, d. h. auf viele Worte verzichten, nur das Notwendigste mitteilen.

Erste Textfassung:

Urian, 13, cool

Urian, 13, cool / kaum Worte: / Hallo! / Honck! / Null Problem! / Krass! / Nö! // Urian, 13, cool / Habitus kultig: / Jacke FUBU / mit Emblemen / Hose HILFIGER / schlabberig / Schuhe FILA / mit Plateausohle // Urian, 13, cool / spielt Computer: / SWAT / AGE OF EMPIRE / DIABOLO / HEXEN III / TOMB RAIDER IV / BLOOD // Urian, 13, cool / außen schon / aber innen: / die reinste Revolution.

Kommentierung

Das Thema ist geklärt, auch die Folge der vier Strophen: Wörter, Kleidung, Computer, Fazit. Als „Gegenwörter" fielen mir ein: Explosion, Implosion, Revolution, alles Fremdwörter, die sich selbst nicht preisgeben. Vielleicht sollte man ein Bild einfügen? Ich suchte und fand eins, das in wenigen Strichen ein unaufgeräumtes Zimmer darstellt (s. S. 35). Zunächst wollte ich das Bild einfügen und den Titel darunter setzen. Dann jedoch fand ich das zu konkret, denn es sind ja die unaufgeräumten Zimmer im Kopf gemeint und nicht die in der Wirklichkeit. Vielleicht genügt nur der Vers: „unaufgeräumte Zimmer"?

Textänderung

4. Strophe jetzt:
Urian, 13, cool / außen immer / aber innen / unaufgeräumte Zimmer.

Textkonferenz

Sie fand mit drei Studierenden statt. Zunächst wurde eingewandt, dass der Text befremdet hat und nicht für Kinder geeignet schien. Ich hielt dagegen, dass auch schon jüngere Kinder auf diesen Kult abfahren und dafür zu interessieren sind. Unregelmäßigkeiten in den drei Strophen wurden bemängelt, man sollte die Anzahl der jeweiligen Angaben angleichen. Das war ein guter, brauchbarer Hinweis. Außerdem müssten die Angaben zur Kleidung nicht ergänzt (gefüllt) werden, hier genügten die Namen, und der Name Nokia (für das Handy) gehöre zum Outfit. In der vierten Strophe sei der pädagogische Zeigefinger zu erkennen, und zwar in dem „aber innen", das auf den Widerspruch hinweise und ihn bewerte. Auch das wollte ich ändern, es war mir nicht aufgefallen. „Reinste Revolution" wurde natürlich auch nicht akzeptiert, aber die hatte ich vorher schon abgeändert. Alliteration wurde als Möglichkeit lyrischen Sprechens herausgestellt und ich nahm mir vor, sie einzubauen.

Zweite Textfassung:

Urian, 13, cool //
Urian, 13, cool / wenig Worte: / Hallo! / Yeah! / Honck!
/ Null Problem! / Krass! / Nö! //Urian, 13, cool / kultige Kleidung: /
T-shirt KANI / Jacke FUBU / Hose HILFIGER / Gürtel BOSS /
Schuhe FILA / Handy NOIKA //
Urian, 13, cool / clickt Computer: / SWAT 3 / THE LINS / BLOOD III /
AGE OF EMPIRE II / TOMB RAIDER / NEED FOR SPEED //
Urian, 13, cool / außen immer / und innen / unaufgeräumtes Zimmer

Textänderung

Bei der Zusammenstellung unserer Textsammlung las ich mein Gedicht immer wieder durch. Es schien mir noch nicht komprimiert, noch nicht ‚cool' genug zu sein. Genügten nicht einfach weniger Angaben, um deutlich

*Zeichnung
von
Ulf Carow*

zu machen, was ich sagen wollte? Was ist in diesem Sinne überflüssig? Strophe 1: Nur vier Worte genügen. Strophe 2: Die Marken genügen, die Kleidungsstücke kann man sich hinzudenken, außerdem geht es den Jugendlichen nur um die Markennamen. Also vier Markennamen. Strophe 3: nur vier Spieletitel. Strophe 4: nur ‚innen' statt ‚und innen', das besagt auch eher, dass es sich beim Äußeren auch um das Innere handelt. Bei ‚cool' allerdings würde sich noch eine Steigerung eignen, also: ‚voll cool'.

Dritte, endgültige Textfassung:

Urian, 13, cool

Urian, 13, cool,
wenig Worte:
Yeah!
Honck!
Krass!
Nö!

Urian, 13, cool,
kultige Kleidung:
KANI
FUBU
HILFIGER
NOKIA.

Urian, 13, cool,
clickt Computer:
THE LINS
BLOOD
AGE OF EMPIRE
NEED FOR SPEED.

Urian, 13,
voll cool,
außen immer
innen

unaufgeräumte Zimmer.

Eigene kinderlyrische Texte zu schreiben hilft uns, einen Begriff von der Kinderlyrik zu bekommen. Ich meine, es gibt keine bessere Gelegenheit. Aber wir müssen uns dazu entschließen, uns darauf einlassen und die ersten Barrieren überwinden. Wir vertrauen darauf, dass wir fähig sind, mit Sprache umzugehen. Und wir müssen uns die Zeit nehmen. Wir eignen uns den Gegenstand an und gleichermaßen die Möglichkeiten der Aneignung. Das soll nun nicht bedeuten, dass wir die Kinder im Unterricht gleich vor die Aufgabe stellen, ein eigenes Gedicht zu schreiben. Aber ein dritter Schritt sollte es sein. Nach der Begegnung mit Gedichten und dem Schritt des aktiven, kreativen Umgangs damit folgt: Gedichte schreiben..

(Claus Forytta)

Zur ausführlichen Bearbeitung eines Textes: Hippo

1. Textfassung (von der Autorin Maren Lauermann):

Hippo

Klein Nilpferd durch das
Wasser rennt,
hat doch fast die
Dämmerung verpennt.

Am Ufer lockt das Gras so lecker,
vom Clan Geschmatz, Gegrunz, Geschlecker,
fast geht die Sonne wieder auf,
gefüllt ist nun der kleine Bauch.

Nun strebt Familie Hippo
zurück zum Fluss,
weil auch ein Nilpferd
sich mal ausruhn muss.

Anmerkungen der Textkonferenz: Das Gedicht ist nicht stimmig. Die Reime sind unrein. Metrum und Rhythmus sind nicht entschieden, sie wechseln zu oft und zu unregelmäßig. In den Versen gibt es unnötige Füllwörter, z. B. „doch" oder „fast" (sogar wiederholt). Das Wort „verpennt" passt nicht in ein Gedicht. Das Thema wird akzeptiert: Auswahl eines weniger bekannten Tieres, die Erzählung, die Typisierung usw.

2. Textfassung (von der Textkonferenz):

Fressen und Schlafen

Klein Nilpferd
im Wasser gesessen,
hat fast
die Dämmerung vergessen.

Lockt doch am Ufer
Gras so lecker
von der Herde das Geschlecker.
Scheint bald die helle Sonne auch,
ist schnell gefüllt der kleine Bauch.

Dann macht Familie Hippo kehrt
zurück zum Fluss,
weil sich auch ein Nilwasserpferd
mal ausruhn muss.

Anmerkungen von der Autorin: Mein Text ist verfälscht, so ziemlich auf den Reim gebracht. Das Wort „verpennt" muss drin bleiben, weil es den Kindern nahe geht, ebenso die Alliterationen „Geschmatz, Gegrunz, Geschlecker". Die Verse 4 und 5 in der zweiten Strophe gefallen mir so gar nicht mehr, auch inhaltlich nicht. Und „Nilwasserpferd" ist für mich nicht mehr „Nilpferd", um das es mir geht. Den Titel „Fressen und Schlafen" finde ich ordinär.

3. Textfassung (von der Autorin):

Hippo

Klein Nilpferd
durch das Wasser rennt,
hat doch fast die
Dämmerung verpennt.

Am Ufer lockt das Gras so lecker,
vom Clan Geschmatz, Gegrunz, Geschlecker.
Klein Nilpferd knurrt schon laut der Bauch:
Futtern – ! Das wollte er jetzt auch.

Bald strebt es
zurück zum Fluss,
dick und rund
es sich ausruhn muss.

Anmerkungen der Textkonferenz: Der Text stimmt immer noch nicht, obwohl schon vieles zusammengerückt ist . Das „doch" ist immer noch drin. Im vierten Vers der zweiten Strophe geht es um das Nilpferd, also muss es „es" statt „er" heißen. Auf welche Wörter könnte man im Sinne einer deutlicheren Komprimierung, im Sinne einer lyrischen Reduktion, verzichten? Der Rhythmus ist als metrische und bewegte Einheit nicht erreicht.

4. Textfassung (von der Textkonferenz):

Hippo

Klein-Nilpferd
durch das Wasser rennt,
hat fast die
Dämmerung verpennt.

Am Ufer lockt das Gras so lecker,
vom Clan Geschmatz, Gegrunz, Geschlecker.
Klein-Nilpferd knurrt schon laut der Bauch:
Futtern! – das wollt' es jetzt auch.

Bald strebet es
zurück zum Fluss,
dick und rund
sich ausruhn muss.

Jetzt ist es ein Gedicht geworden, das alle akzeptieren können. Die Veränderungen an der Form, Versuche der Komprimierung, der Vereinheitlichung von lyrischen Elementen, haben den Text auch inhaltlich bzw. sinnhaft verändert. Jetzt ist es nicht nur mehr eine informierende kleine Geschichte, sondern eine leicht ironisch-verspielte Mitteilung, in der sich auch das Wort „verpennt" oder das Wort „strebet" (statt „strebt") einnisten können. Der Weg ging über die Textkonferenz, d. h. über die Gruppe anderer Autorinnen oder Autoren, die selber ein Kindergedicht schreiben wollten, d. h., dass sie nahe am lyrischen Geschehen waren und die dafür notwendige Sensibilität besaßen.

Mit Sprache spielen

Sprachspiele sind ein wichtiger Bestandteil der Kinderlyrik. Sie machen die Sprache selbst zum Inhalt und kommen so unseren (kindlichen) Neigungen entgegen, Sprache auszuprobieren und mit ihr zu experimentieren. Das sind Vorformen der Kommunikation. Jedes Spiel mit Sprache folgt seinen eigenen Regeln, und es kann nach vier verschiedenen Prinzipen gespielt werden:
- auf der grafischen Ebene mit Buchstaben, Wörtern, Sätzen, mit Schrift- bzw. Schreibgestaltungen;
- auf der phonetischen Ebene mit Lauten, Lautverbindungen oder mit Wörtern als Klanggestalten und Klangeinheiten in Texten;
- auf der semantischen Ebene mit Wortbedeutungen in Texten;
- auf der poetologischen/stilistischen Ebene mit fiktionalen und exposito- rischen Textarten, Textinhalten und Redensarten, Sprichwörtern in Tex- ten (vgl. Reger 1994, S. 81).

Reimspiele

„Ui, das reimt sich, und was sich reimt, ist gut."
(Pumuckel)

Was ich von Tante und Onkel zum Geburtstag bekam:

Von Tante Wilhelmine	eine Apfelsine
Von Tante Trine	eine Mandarine
Von Tante Heide	*ein Stück Kreide*
Von Onkel Fritz	*ein Stück Lakritz*
Von Tante Sybille	*eine Brille*
Von Tante Sabine	*eine Praline*
Von Tante Irene	*eine Kantilene (Melodie)*
Von Tante Isabell	*ein Bettgestell*
Von Onkel Klaus	*ein Legohaus*
Von Onkel Lutz	*nur Schmutz*

Bei dem ersten Beispiel oben werden zwei Reimpaare vorgegeben und nach diesem Muster weitere Namen und Gegenstände ergänzt. Auch auf die fol- gende Art können einfache Reimgedichte entstehen:

Jede mitspielende Person bekommt fünf Zettel. Auf die Vorderseite schreibt sie ein Wort (Substantiv, Adjektiv oder Verb), auf die Rückseite ein anderes Wort, das sich auf das erste reimt. Die Zettel werden eingesammelt und neu verteilt. Jede zieht nun fünf Zettel und schreibt ein Gedicht mit allen Wortpaaren. Es wurden zum Beispiel gezogen.

Drachen/Sachen – Kater/Vater – Fisch/Tisch
– Hasen/Rasen – nett/Bett

Gedicht:

Die Schlange und der Drachen,
die machen dumme Sachen.
Sie ärgern einen Kater
und seinen alten Vater,
danach den kleinen Fisch,
den ziehen sie vom Tisch.
Danach den braunen Hasen
auf seinem grünen Rasen
und finden das noch nett.
Dann gehen sie ins Bett.

Wortspiele

„Ein Spiel mit ähnlich klingenden oder doppeldeutigen Wörtern in der Absicht, einen Überraschungseffekt zu erzielen und Assoziationen hervorzurufen" (Knaur Lexikon 1979, S. 939).

Kurzschrift:

Die Kurzschrift erspart Schreibarbeit. Sie kann so aussehen:
    Ihr sollt stets 1 sein / Ihr solltet euch nie ent2ein /
    Ihr sollt euch in 8 nehmen / Ihr sollt euch nie die 10ne zeigen …

Es gibt bestimmt noch mehr Möglichkeiten mit klingenden Zahlen als in dieser Liste; auch orthografisch falsche Schreibweisen sind hier erlaubt:

1. 1, s1, d1, k1, Ver1mitglied, 1am, 1tig …
2. 2brücken, 2erlei, 2fel, 2twagen, 2g, Ab2gung …
3. oben3n, 3st, 3eck, 3gestirn, 3ßig, 3faltigkeit, 3rad …
4. 4tel, 4ma, 4sich, Sa4, Ke4 …
5. 5tel …
6. 6tet, 6er im Lotto, 6tagerennen, 6ische Schweiz …
7. 7schläfer, 7bürgen, aus7 …
8. Verd8, Schl8, entf8, Betr8ung, totgel8 …
9. 9malklug, 9ziger …
10. 10e, 10arium …

Merkwürdige Namen

Manche Menschen sind durch ihre Namen echt gestraft. So sollte die Familie Becher ihren Sohn nicht gerade auf den Namen „Jo-Kurt" taufen und das Ehepaar Zufall seinen Sohn nicht „Rainer" nennen.

Welche Nachnamen können in ähnlicher Weise zu den folgenden Vornamen passen?

Anne, Andi, Dick, Hella, Axel, Peer, Sean, Will, Freya, Kain … – oder, wenn es schwieriger sein soll, auf die Namen: Ellen, Eva, Martha, Meta, Ben, Frank, Gert, Harm, Mario …

Es kommt nicht auf die richtige Schreibweise an.

Beispiele:
Ann Öden / Chris Tuss / Conny Fähre / Hella Wahnsinn / Meta Stase / Polly Zeih / Ruth Hiene / Sue Per / Billy Ger / Gert Riebe / Karsten Bier / Kalli Grafi / Malte Trinken / Peer Fekt / Terry Torium / Will Nich

Werbeslogans

Hier geht es darum, einen witzigen Werbespruch zu finden, der nach den Regeln des so genannten „Phraseologismus" erstellt wird. Das bedeutet, dass Wörter innerhalb eines Satzes vertauscht oder ein Wort durch ein anderes mit ähnlicher Lautung ersetzt wird. Auch die Hinzufügung eines Buchstabens kann zu einer entsprechenden Veränderung führen.

Beispiele:
„Zeit ist Gold" (Werbung für Uhren)
„Der Krug geht so lange zum Brunnen, bis es sticht"
(Manfred Krug für Antimückensalbe)
„Er kam, sah und fliegte" (Werbung für Last-Minute-Angebote)
„Rüden haben kurze Beine" (Dackelzucht)
„Kontrolle ist gut, Vertrauen ist besser" (Fluggesellschaft)
„Ohne Schweiß keinen Preis" (Jugend trainiert für Olympia)

Schüttelreime

Schüttelreime sind Reime aus Reimwörtern mit sinnvoll ausgetauschten Anfangskonsonanten. Liebhaber von Schüttelreimen kommen voll auf ihre Kosten und werden zu amüsierten, nachdenklichen Leserinnen und Lesern.

Man sucht ein Wort, das in den Reim passen soll, dann weitere Worte, die sich auf dieses erste reimen; reimt sich nichts, kann man auch nichts schütteln. Dann sucht oder stellt man eine Tabelle gebräuchlichster Mitlaute und

Mitlautkombinationen zusammen. Mit deren Hilfe setzt man eine Wortrei-
he zusammen: Wörter mit gleichen Anlauten. Ändert man bei diesen Wörtern die Anlaute, so erhält man eine Sammlung von reim- und schüttelfähi-
gen Wörtern.

Beispiele:
Es sitzt in zwei Wannen der Karl
und hat jetzt die Kannen-Wahl.
Kaum trank der Torsten Bier,
wurd er zum Borstentier.
Die Diebe klauten eine Hose,
bekamen Hiebe mit ner Dose.
Die Magd hatte eine Jacke und
ging auf die Jagd nach ner Macke.
Mit den vielen Mofasachen
kann man auf dem Sofa lachen.

Nachbemerkung:
Lustig war es, witzig und schwierig; eigenes Ausprobieren bringt's, genau!!
Anregend für die Praxis, freies Arbeiten. Was habt ihr vermisst? Nichts!

(Imke Schwoch)

3 Didaktische Position

Wir verstehen Didaktik als „Achse des Unterrichtsgeschehens, um die sich Lernobjekte und Lernsubjekte drehen" (Kliewer 1999, S. 101). Wir versuchen Antworten zu folgenden Fragen zu geben:
1. Warum Kinderlyrik in der Grundschule?
2. Wie und welche Texte auswählen?
3. Welche Vermittlungsformen planen?

Warum Kinderlyrik in der Grundschule?

Obwohl auch wir davon ausgehen, dass Kinder schon früh spielerisch mit Sprache umgehen und Spaß daran haben, ist ihnen die Kinderlyrik als geformte Sprache, die sich der Elemente Klang, Reim und Rhythmus bedient und eine Alternative zur Alltagssprache darstellt, nicht vertraut. Zwar finden sie in ihrer stark medial durchdrungenen Umwelt viele Angebote lyrischer und poetischer Sprachformen, aber diese sind oft eingebettet in Werbespots oder Musiktitel und werden nicht qualitativ wahrgenommen. So stehen wir als Lehrerinnen und Lehrer ziemlich am Anfang, und das mit Schülerinnen und Schülern, die über unterschiedliche vorliterarische Erfahrungen verfügen und die deutsche Sprache häufig als Zweitsprache zu erlernen haben.

Wir wollen in diesem Sinne für die Erstbegegnung mit Kinderlyrik sorgen und das als Literaturunterricht betreiben, denn ist es unsere Aufgabe, „die Schülerinnen und Schüler zu befähigen, sich ihrer Erfahrungen und ihrer Erfahrungen mit Texten bewusst zu werden, sie artikulieren zu können und sich mit den Urteilen anderer und deren Bedingungen auseinander setzen zu können" (Kliewer 1999, S. 106).

Dafür müssen die von uns eingebrachten kinderlyrischen Texte einerseits Inhalte präsentieren, die dem Erfahrungsbereich der Kinder angemessen sind, andererseits Formen aufweisen, die die besondere poetische Sprechweise repräsentieren. Im Erleben dieser Texte kann den Kindern klar werden, dass diese so unbekannt und ungewohnt gar nicht sind. Zu den allgemeinen Zielen gehören: *„Ästhetische Sensibilisierung"* (vgl. Kliewer 1999), stärkere Aufmerksamkeit für Poesie und ein vermehrtes Interesse an der bildhaften, rhythmisierten Sprache, an ihrer Komprimierung und an ihrer Einfachheit.

Wie und welche Texte auswählen?

Kinderlyrische Texte zeichnen sich dadurch aus, dass sie hauptsächlich für
Kinder verfasst sind, und zwar im Hinblick auf Inhalt, Sprache, Form und
Abstraktionsgrad. Inhaltlich beziehen sie sich auf Themen, die der Lebens-
welt der Kinder entnommen, ihnen vertraut sind und ihre nicht nur positi-
ven Erfahrungen repräsentieren. Die Sprache ist verständlich, weniger
bekannte Worte sind aus dem jeweiligen Kontext oder durch eine entspre-
chende Bearbeitung erschließbar. Die Gliederung – Verse, Strophen und
Gesamtlänge – ist überschaubar, häufig tauchen Wiederholungen auf, deutliche rhythmische Strukturen und ein klarer Endreim, der dem kindlichen
Gedächtnis entgegenkommt. Ebenso den Kindern nahe sind die Bilder und
die Fantasien, die angeregt, die Emotionen, die hervorgerufen werden. Eine eher optimistische Grundstimmung gehört zur Kinderlyrik, gebunden an
das, was wir „innere Spannung" (z. B. zwischen Inhalt und Form) nennen
wollen. Ein gutes Gedicht regt die Kinder zum Erkennen und Weiterdenken
an, rüttelt sie auf, reizt sie zum Vergleich mit den eigenen Erfahrungen. In-
terpretationsmöglichkeiten bleiben offen, gelten als Anregung zum Handeln – eines der wichtigsten Kriterien für unsere Auswahl von geeigneten
Gedichten.

Für die Auswahl ist aber auch die persönliche Einstellung zur Kinderlyrik überhaupt und zu den einzelnen Texten insbesondere wichtig. Wir selber sollten uns den Texten zugewandt, uns mit ihnen angefreundet haben.
Erst unsere eigene Begeisterung versetzt uns in die Lage, die Gedichte didaktisch einschätzen, mit Zielen und Handlungsmöglichkeiten für die Kinder versehen zu können. Dabei spielt auch unser Verständnis für Kinder
und kindliches Lernen eine Rolle, und ebenso für ihre gegenwärtige Inte-
ressenlage. Das kann so weit gehen, dass wir den Kindern überlassen, ihre
Texte aus einer von uns vorgeschlagenen Sammlung auszuwählen.

Texte und Kontexte

Gemäß den eher inhaltlichen Interessen der Kinder bieten wir die kinderlyrischen Texte nicht allein für sich, sondern im Rahmen von Kontexten an,
die ganz unterschiedlich sein können. Im Hinblick auf unsere unten vorgeschlagenen Beispieltexte nennen wir hier für das zweite Schuljahr die Verbindung „Texte und Bilder", für das dritte Schuljahr die Verbindung „Texte
und Themen" und für das vierte Schuljahr „Texte und Gattungen". Diese
Kontexte legen auch die Richtung der Bearbeitung fest: im zweiten Schuljahr etwa die Texte zu rezipieren und mit den dazu angebotenen Bildern zu
vergleichen, beides aufeinander zu beziehen oder Bilder zu den Texten anfertigen zu lassen. Für das dritte Schuljahr ergibt sich möglicherweise eine

themenbezogene Bearbeitung, etwa verschiedene Texte zu einem Thema (z. B. Winter) oder kinderlyrische Texte zwischen anderen Materialien zu einem Thema (z. b. Indianer), wobei die Texte allerdings nicht nur sachbezogen einzubringen sind, sondern auch als bestimmte Aussageweisen. Im vierten Schuljahr lassen sich schon Gattungen benennen und unterscheiden, z. B. Naturlyrik oder Sprachspiele, die deutlicher ausgerichtet sind auf kinderlyrische Beispiele und ihre handlungsbezogene spielerische Analyse.

Welche Vermittlungsformen planen?

Ausgehend von der Tatsache, dass kinderlyrische Texte den Kindern zunächst wenig bekannt sind, möchten wir vier Schritte nennen, denen ein Literaturunterricht mit Kinderlyrik folgen kann:

1. Vorbereitung

Damit ist die einstimmende Ebene gemeint, die die Gefühle, die Motivationen, die Interessen für den Gegenstand Kinderlyrik vorzubereiten hat. Das können meditative Ruhephasen sein, Angebote für die Sinne, aber auch einfach Textangebote, die in der Klasse herumliegen oder gut lesbar präsentiert werden, auch vorgelesen. Wichtig ist hier, dass eine freie (auch freiwillige) Rezeption gewahrt bleibt und der gelegentliche Charakter dieser Rezeption ebenfalls.

2. Begegnung

Diese sollte in einer sozial vertrauten Atmosphäre geschehen und mit von uns ausgewählten Texten. Von uns ausgewählte Texte sind solche, die wir genauer kennen, sachgemäß analysiert haben und zu denen wir persönlich, also nicht nur didaktisch stehen. Es sollte eine Begegnung sein, die sich Zeit nimmt, die unterschiedlichen Zugangsweisen der Kinder zu respektieren. Wir lesen die Texte vor, wir sprechen die Texte an die Kinder, wir lassen die Kinder die Texte still lesen, wir lassen die Kinder vorlesen usw., stets so, dass ihre Rezeptionsmöglichkeiten zum Zuge kommen können.

3. Umgang

In Rückschau auf die Entwicklung didaktischer Konzeptionen zum Umgang mit Kinderlyrik können wir drei Tendenzen feststellen, zunächst in die Richtung eines gesinnungs- und empfindungsbildenden Nachvollzugs des Lehrervortrags, dann in die Richtung einer strengen Formalanalyse – eventuell unter ideologiekritischen Aspekten – und drittens in die Richtung eines handlungs- und produktionsorientierten Lernprozesses. Gegen die ersten beiden didaktischen Ansätze ist einiges vorzubringen, aber sie sind nicht

total verschwunden, sondern in zahlreichen Zielformulierungen noch mit-
gedacht. In einer Befragung von Lehramtsstudierenden, deren Erfahrungen sicher aus dem von ihnen früher erlebten Unterricht stammen, erhielten wir auf die folgende Frage die folgenden (exemplarisch ausgewählten)
Auszüge aus den Antworten; alle bevorzugten die Umgehensweise c), also
den handlungsorientierten Zugang.

Frage:
Welche Umgehensweise mit Kindergedichten würdet ihr bevorzugen?
a) Problemtexte auswählen und interpretieren
b) Typische Texte auswählen, zerschneiden oder teilen oder reduzieren
   und in produktiver Analyse wieder zusammenfügen
c) Texte nach eigener (Zu-)Stimmung auswählen, den Kindern vorlegen
   und weniger zum Verstehen als zum Handeln auffordern

Auszüge aus den Antworten, die sich für c) entschieden hatten:
– Interpretation, produktive Analyse und Verstehen durch Handlung aufeinander aufbauend.
– Verstehen durch Handeln, weil mit der Aufforderung zum Handeln ein
   breites Spektrum kindlicher Fähigkeiten angesprochen wird.
– Wenn Kinder handeln, wird ihnen ein Gedicht viel näher gebracht, sie
   verstehen es besser und behalten es auch besser im Sinn.
– Wir sind der Meinung, dass die Kinder durch das Handeln zu einem bes-
   seren, nämlich auch emotionalen Verständnis kommen.
– Handeln gilt als Begriff der Aneignung von Wirklichkeit, der Sinngebung,
   und es ist mehr als Machen, Produzieren oder Interpretieren.
– Wir finden es besser, Texte zu genießen und nicht zu zerpflücken; jedes
   Kind soll seinen eigenen Freiraum haben, mit den Gedichten umzugehen.
– Handeln umfasst für uns auch die anderen Kategorien, nämlich Inter-
   pretation, produktive Analyse und Schreiben.
– Handeln entspricht dem Wunsch der Kinder, abwechslungsreich zu ler-
   nen.

4. Reflexion

Bei der Beschäftigung mit Kindergedichten im Unterricht entstehen als Ergebnisse der Kinder Bilder, Objekte, Bücher, eigene Texte usw. Diese Ergebnisse zu reflektieren ist der letzte notwendige Schritt, wobei Reflexion
nicht meint, die Ergebnisse zu zerpflücken und auf einzelne ästhetische
Entscheidungen zurückzuführen. Reflexion soll die Rückverbindung mit

dem Text herstellen, von dem die Kinder ausgegangen sind. Sie wird bei Grundschulkindern im Wesentlichen in der Beschreibung des Arbeitsprozesses bestehen, im Vergleich unterschiedlicher Handlungen und bestenfalls in einer kritischen Würdigung der (ausgestellten) Produkte. So kommen Text und Rezeptionsergebnis zusammen und können auf Späteres übertragen werden.

Fazit

Es bestätigt sich der Trend heutiger Literaturdidaktik, vom Lehren abzugehen in Richtung des kindlichen Lernens und dieses Lernen in Handlungen vollziehen zu lassen, die den Kindern vertraut sind oder schnell vertraut gemacht werden können.

4 Kindergedichte für den Unterricht

Die Gedichte haben wir nach folgenden Gesichtspunkten ausgewählt:
– Sie gefallen uns! Wir finden, dass man nur die Texte mit Überzeugung weitervermitteln kann, die man selbst mag.
– Sie sind für einen handlungsorientierten Literaturunterricht geeignet, weil sie genügend Ansatzpunkte bieten.
– Sie sind bereits in Lesebüchern abgedruckt, also als kontextgebundenes oder freies Arbeitsmaterial leicht zu finden.
– Sie unterscheiden sich in den Themen, in den Formen und auch im Abstraktionsgrad. Gleichermaßen berücksichtigen sie das Alter und die Erfahrungswelt von Grundschulkindern.

Texte und Bilder

Bilder zu kinderlyrischen Texten sind in unserem Zusammenhang solche Illustrationen, von denen Grünewald sagt: „Die überlegte Illustration wird die Leerstellen eines Textes aufgreifen und das zu veranschaulichen suchen, was der Text an wichtiger Informations- und Interpretationshilfe vermissen lässt" (Grünewald 1980, S. 27). Illustrationen sollen also das Innere des Textes widerspiegeln und Atmosphäre, Stimmung, Gefühle leichter fassbar machen. Dies ist vor allem für Kinder des zweiten Schuljahres wichtig, die zwar lesen können, aber sich von der Sprache des Textes allein noch nicht bewegen lassen. Sie nehmen die Bilder vor dem Text wahr, lassen sich durch sie zum Text hinleiten.

Auch kann der Zeichner, so er nicht die textliche Aussage einfach wiederholt, sondern kreativ erweitert, erste Wege zur Interpretation und zum Verständnis des Textes aufzeigen. Wolfgang Würfel, Bilderbuchillustrator, hat gesagt: „Ein guter Text verführt ohnehin zu Bildern vor dem geistigen Auge." Illustrationen unterstützen den Gedanken. Sie besitzen in Grundschullesebüchern einen hohen Stellenwert.

Bei der Auswahl von Texten und Bildern kann deren Zusammenspiel von unterschiedlicher Intensität sein. Wir meinen die jeweilige Korrelation zwi-

Ein Käfig

EIN KÄFIG
Wassernapf
Futternapf

EIN BESSERER KÄFIG
Wassernapf
Futternapf
Schaukel

DER BESTE KÄFIG
eine geöffnete Tür

WALTHER PETRI

134

Beispielseite Nr. 1 (Bild von Gertrud Zucker)

schen Text und Bild, die mit bedacht werden soll, auch im Hinblick auf die handelnde Beschäftigung mit Text und Bild. Welche Hilfe bietet das Bild, zum Text zu kommen? Welche Informationen aus dem Text werden schlicht wiederholt, welche erweitert? Welcher Abstraktionsgrad kommt dem Bild zu, um den Text zu interpretieren? Wir haben vier Korrelationen beachtet und ihnen illustrierte Kindergedichte aus Lesebüchern zugeordnet. Achten Sie auf die Nummern der Beispielseiten (s. S. 49–56).

1. Der Text wird auch ohne das Bild verständlich und das Bild ohne den Text. Beide stellen das Gleiche dar bzw. bilden einander ab (komplementäre Korrelation). (Siehe Beispielseiten Nr. 1, 2)
2. Text und Bild fügen sich zusammen und ergeben einen ‚neuen Sinn‘. Sie legen gegenseitig ihre Bedeutung fest (integrative Korrelation). (Siehe Beispielseiten Nr. 3, 4)
3. Das Bild interpretiert den Text. Der Text wird durch das Bild intensiver (interpretative Korrelation). (Siehe Beispielseiten Nr. 5, 6)
4. Text und Bild stehen eigenständig nebeneinander und sie werden assoziativ miteinander verbunden (parallele Korrelation). (Siehe Beispielseiten Nr. 7, 8)

Beispielseite Nr. 2 (Bild von Detlef Kersten)

Beispielseite Nr. 3 (Bild von G. J. W. Vieth)

Leise Geräusche
Knister

Tags, wenn viele Menschen reden
und dazu das Radio spricht,
tags, wenn all die Autos fahren,
hört man diese Sachen nicht.

Nachts, wenn es ganz leise ist
und niemand mehr die Ruhe stört,
dann hört man all die leisen Dinge,
welche man am Tag nie hört:

Leise knackt der Küchenstuhl,
im Kühlschrank klirrt ein Einmachglas,
es tropft der Wasserhahn im Bad,
und draußen streicht der Wind durchs Gras.

126

Beispielseite Nr. 4 (Bild von Angelika Citak)

DAS JAHR

Es war eine Mutter, die hatte vier Kinder:
den Frühling, den Sommer, den Herbst und den Winter.
Der Frühling bringt Blumen, der Sommer bringt Klee,
der Herbst bringt die Trauben, der Winter den Schnee.

68

Beispielseite Nr. 5 (Bild von Tomi Ungerer)

Die Zeit

Man kann sie nicht riechen,
man kann sie nicht schmecken,
man kann sie einfach
nirgends entdecken.

Man kann sie vergeuden,
man kann sie vergessen.
Doch was man versäumt hat,
kann man nicht messen.

Man kann sie nicht kaufen,
man kann sie nicht borgen.
Man sucht das Gestern,
schon ist es morgen.

Man kann sie gut nutzen
und jemandem schenken
und wenn man Zeit hat,
an sie denken.

Gerald Jatzek

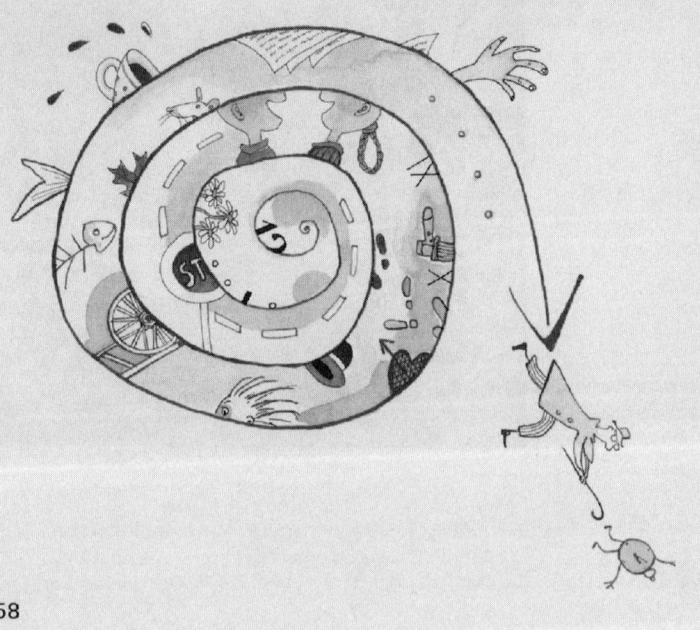

158

Beispielseite Nr. 6 (Bild von Barbara Schumann)

Haselnuss

Eichhörnchen – hörst du mich?
Hab' was Schönes hier für dich!
Hol dir Haselnüsse ab,
die ich zu verschenken hab'.

Komm, du kleine Haselmaus,
komm aus deinem Haus heraus!
Hol dir meine Nüsse ab,
die ich zu verschenken hab'!

Kinder, hört, euch ruf' ich auch,
kommt zu meinem Haselstrauch!
Holt euch reife Nüsse ab,
Cicely M. Barker   die ich zu verschenken hab'.

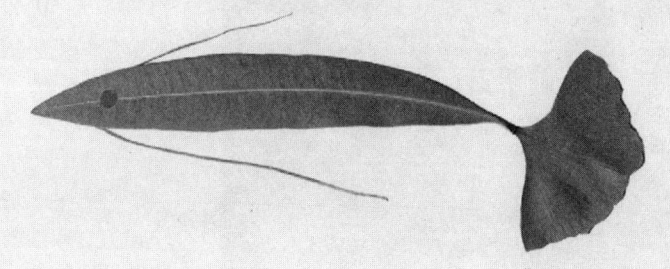

Beispielseite Nr. 7 (Bild von G. J. W. Vieth)

Von morgens bis abends

Wo ist die Zeit

Wo ist die Zeit
vom letzten Jahr,
als ich mit dir
so fröhlich war?

Wo ist die Zeit
vom vergangenen Tag?
Wo ist die Zeit,
die dazwischenlag?

Wo ist die Zeit,
die man vergisst,
weil da nicht viel
gewesen ist?

Wo ist die Zeit
von morgen?
Was hält sie
mir verborgen?   *Jürgen Spohn*

Verschiedene Kreise
Wassily Kandinsky, 1926

61

Beispielseite Nr. 8 (Bild von Wassily Kandinsky © VG Bild-Kunst, Bonn 2002)

Texte und Themen

Kinderlyrik umfasst von den Themen her die Vielfalt der Welt. Themenbereiche gelten als Situationsfelder, die den lesenden Kindern in räumlicher, zeitlicher oder auch verfremdeter Distanz angeboten werden. Da die kinderlyrischen Formen aber nicht die der Alltagssprache sind, die Themen also eher komprimiert oder verschlüsselt daherkommen, gilt es, diese Themen zu rahmen, d. h., sie in einen den Kindern alltäglich zugänglichen Kontext zu setzen. Diese Kontexte sind die Kommunikationsbereiche der Kinder, von denen aus sie auf die lyrischen Formen zugehen können. Die Gedichte behandeln Ausschnitte aus den Rahmenthemen, machen also einen intensiveren Blick frei und arbeiten gleichermaßen dem Thema zu. Die Einbettung der kinderlyrischen Texte in Themen darf nicht bedeuten, dass der lyrische Eigencharakter, die lyrische Form als besondere Aussageweise aufgegeben wird. Die Gedichte gelten nicht als Veranschaulichung von Sachthemen, sondern, wenn wir so wollen, als sprachliche Vertiefung.

Rahmenthema „Jahreszeiten"

Die Blätter an meinem Kalender

Die Blätter an meinem Kalender,
die sind im Frühling klein
und kriegen goldene Ränder
vom Märzensonnenschein.

Im Sommer sind sie grüner,
im Sommer sind sie fest,
die braunen Haselhühner
erbaun sich drin ihr Nest.

Im Herbst ist Wolkenwetter,
und Sonnenschein wird knapp,
da falln die Kalenderblätter,
bums, ab.

Im Winter, wenn die Zeiten hart,
hat es sich auskalendert.
Ich sitze vor der Wand und wart,
dass sich das Wetter ändert.

(Peter Hacks)

Vorfrühling

Die ersten Glöckchen drängen
aus kühler Erde Haus.
Die Haselnüsse hängen
die goldenen Fähnchen aus.

Die Weidenkätzchen spiegeln
sich in dem Sonnenschein.
Wie sich die Bienen striegeln
und Goldstaub holen ein!

Ein Summen und ein Läuten.
Wie Silber glänzt der Bach.
Wer kann die Zeichen deuten?
Der liebe Lenz wird wach.

(Bruno Schönlank)

Der Herbst steht auf der Leiter

Der Herbst steht auf der Leiter
und malt die Blätter an,
ein lustiger Waldarbeiter,
ein froher Malersmann

Er kleckst und pinselt fleißig
auf jedes Blattgewächs
und kommt ein frecher Zeisig,
schwupp, kriegt der auch 'nen Klecks.

Die Tanne spricht zum Herbste:
Das ist ja fürchterlich,
die anderen Bäume färbste,
was färbste nicht mal mich?

Die Blätter flattern munter
und finden sich so schön.
Sie werden immer bunter.
Am Ende fall'n sie runter.

(Peter Hacks)

Winterbilder

Der See ist zugefroren
jetzt erst suchen die Fische
die tiefste Tiefe.

Verschneiter Waldteich
Wildspuren laufen sorglos
über die Tiefe.

Vereiste Fenster
Farne mit Wurzeln Adern
im Blatt –
Leben aus Frost geboren?

(Imma Bodmershof)

Das neue Grün

Am Bahndamm
sonnen sich die
Eidechsen.
Ihre Augen funkeln,
ihre Herzen schlagen.
Es ist Frühling.
Jetzt werden sogar
die Steine warm.
Das neue Grün
wächst über Zäune,
über Mauern.
Im Nest schreien
die Vogelkinder,
und der dicke Kater,
der gern schlafen würde,
hält sich die Ohren zu.

(Erich Jooß)

Der Sommer

Er trägt einen Bienenkorb als Hut,
blau weht sein Mantel aus Himmelsseide,
die roten Füchse im gelben Getreide
kennen ihn gut.

Sein Bart ist voll Grillen. Die seltsamsten Mären
summt er der Sonne vor, weil sie's mag,
und sie kocht ihm dafür jeden Tag
Honig und Beeren.

(Christine Busta)

Rahmenthema „Kinder"

Heute bin ich ...

Heute bin ich traurig aufgewacht.
Ich weiß nicht, warum.
Alle fragen: „Was tut dir weh?
Warum bist du traurig?"
Nichts tut mir weh.
Ich bin nur traurig.

Alle sagen: „Die Sonne scheint!
Warum bist du traurig?"
Aber ich kann es nicht sagen.
Ich bin nur traurig.

Auch mein Bär ist heute traurig,
und ich weiß nicht, warum.
Alle sollen uns in Ruhe lassen.

(Ursula Wölfel)

Und du?

Die Schnecke
hat ein Haus
ohne Fenster,
der Wiedehopf
eine Feder
ohne Hut,
der Teufel
einen Pferdefuß
ohne Pferd,
und was hast du?

(Christoph Meckel)

Ich will euch erzählen

Ich will euch erzählen
von meinen sieben Seelen.
Die erste ist fleißig,
die zweite ist faul,
die dritte will reden,
die vierte hält's Maul.
Die fünfte ist feige,
die sechste hat Mut,
die siebente mahnt sie:
„Nun vertragt euch mal gut!"
Meine sieben Seelen sind so verschieden
wie du und ich.
Und doch ergeben sie zusammen
mich.

(Roswitha Fröhlich)

Nein

Lisa liebt das Schmusen sehr,
Kater Moritz noch viel mehr.
Gefällt es ihm,
dann schnurrt er.
Wenn nicht,
dann faucht und knurrt er.

Auch Lisa
will nicht schmusen müssen,
will nicht
auf Kommando küssen.
„Mein Körper gehört nur mir allein.
Wenn ich nicht will,
dann sag ich NEIN!"

(unbekannter Autor)

Kopfhaus

Ich schau aus meinen Augen
hinaus, wie durch zwei Fenster.
Draußen gehen Leute,
aber drinnen sind Gespenster.
In meinem Kopf, da spukt es.
Da ist es nicht geheuer.
Da geschehn in der Minute
zweihundert Abenteuer.
Mein Kopf ist wie ein Haus
mit siebentausend Räumen.
Und jeder Raum ist voll
mit siebentausend Träumen.
Da draußen gehen Leute,
doch keiner kann herein.
In meinem Haus, in meinem Kopf,
da bin ich ganz allein.

(Martin Auer)

Meine Schwester

Meine Schwester ist fünfzehn
und wirklich sehr nett,
mit ihr kann ich reden,
am besten im Bett.

Sie erklärt mir fast alles,
was ich wissen will,
und will ich nichts wissen,
ist sie einfach still.

Wenn es Streit gibt zu Hause,
hilft sie meistens mir
und knallt voller Wut
ganz laut mit der Tür.

Meine Schwester ist fünfzehn
und richtig gemein,
will ich mit ihr reden,
schläft sie meistens ein.

Sie erklärt mir fast gar nichts,
und hab' ich 'ne Frage,
sagt sie manchmal bissig:
Du bist eine Plage!

Wenn es Streit gibt zu Hause,
ist es meist wegen ihr,
doch ich werde geschimpft
und kann nichts dafür.

Meine Schwester ist fünfzehn
und mal so, dann mal so,
mal könnte ich sie …
und mal bin ich froh …

(Manfred Mai)

Rahmenthema „Tiere"

Die Frösche

Ein großer Teich war zugefroren,
die Fröschlein, in der Tiefe verloren,
durften nicht ferner quaken noch springen,
versprachen sich aber, im halben Traum,
fänden sie nur da oben Raum,
wie Nachtigallen wollten sie singen.
Der Tauwind kam, das Eis zerschmolz,
nun ruderten sie und landeten stolz
und saßen am Ufer weit und breit
und quakten wie vor alter Zeit.

(Johann Wolfgang Goethe)

Schwarze Katze bei Nacht

Wenn zwei grüne
Punkte funkeln
ohne was drum
rum im Dunkeln,
ist das nur,
weil sich die Nacht
nichts aus Katzen-
augen macht.
Katzenohren,
Katzenkrallen,
Katzenbuckel
und vor allem
auch natürlich
Katzenzungen
hat sie ratze-
putz verschlungen.

(Hans Baumann)

Mein Dackel kann lachen

Komm' ich nach Haus,
freut sich mein Dackel,
und es geht los
ein Riesenspektakel,
ein großes Gewedel,
ein großes Gewackel,
ein Schwänzeltanz.
Mein Dackel kann lachen,
er lacht mit dem Schwanz.

(Viktoria Ruika-Franz)

Schwalbenflug

Schießt pfeilschnell daher,
zurück, kreuz, quer,
dann
legt sie die Flügel an,
Sturzflug, schau!
Genau
über dem Boden,
ganz knapp,
fängt sie sich ab.
Streift sie ihn?
Nein.
Schießt daher,
steigt hinauf,
schlägt einen Haken,
legt sich quer,
ist nach Sekunden
hinterm Haus verschwunden.

(Alfons Schweiggert)

Das Eichhörnchen

Von Verstecke zu Verstecke,
gradezu und um die Ecke,
sieh mich klettern
zwischen Blättern,
sieh mich springen,
sieh mich purzeln,
in den Wipfeln,
bei den Wurzeln,
bald auf Bäumen,
bald im Busch,
hin und her
in raschem Husch

(Hedwig Diestel)

Sieben kecke Schnirkelschnecken

Sieben kecke Schnirkelschnecken saßen einst
auf einem Stecken,
machten dort auf ihrem Sitze
kecke Schnirkelschneckenwitze.
Lachten alle so:
„Ho, ho, ho, ho, ho!"
Doch vor lauter Ho-ho-Lachen,
Schnirkelschneckenwitze-Machen
fielen sie von ihrem Stecken: alle sieben Schnirkelschnecken.
Liegen alle da.

Ha, ha, ha, ha, ha!

(Josef Guggenmos)

Rahmenthema „Natur"

Was ist eine Wiese?

Was ist eine Wiese?
Futter für die Kuh.
Und noch was dazu.
Gras und Blumen:
Schmetterlingsflügel.
Bienensummen.
Ameisengekrabbel.
Käfergezappel.
Achtung, Maulwurfshügel!
Margeriten.
Rote Federnelken
vor dem blauen Himmel.
Heupferd übt den Weitsprung
bis zum Kümmel.
Ein Kamillenbusch
öffnet zwei Blüten.
Sommerfliegen flitzen
über Storchschnabelmützen.
Hummeln bummeln
im Honighaus
ein und aus.
Glockenblumen bammeln
und bummeln.
Unten am Löwenzahn
geigt eine Grillenschnarre.
Der Wind spielt mit den Halmen
Harfe oder Gitarre,
alles regt sich und bewegt sich,
leuchtet, knistert, flüstert,
brummelt, bummelt,

was ist eine Wiese?
– Das ist eine Wiese.

(Friedl Hofbauer)

Der Wind ist aus Luft

Der Wind ist aus Luft.
Er kommt nicht, wenn man ruft.

Er fährt durch die Eichen.
Er heult über den Teichen.

Er geigt auf den Drähten.
Er bläst Rauch aus den Städten.

Er schleppt Wolken in Wüsten.
Schiffe wirft er an Küsten.

Er legt sich vor Gewittern.
Und lässt Stahlmasten zittern.

Hinterm Meer kann er toben.
Unten macht er zu oben.

Er jault auf Turmstiegen.
Er bringt Dächer zum Fliegen.

Nachts faucht er durch Ritzen.
Er kühlt uns, wenn wir schwitzen.

Er geht sanft durch Maiwiesen.
Wird er scharf, muss man niesen.

Er weht über die Heide
und bestäubt das Getreide.

(Rainer Kirsch)

Kurzer Juliregen

Diese silberhellen Teller
in den schwarzen Regenpfützen:
Fall'n die Tropfen schnell und schneller,
sind es spitze, weiße Mützen,

die sich heben und sich drehen
auf den unsichtbaren Köpfen
wunderlicher Wassergeister,
die ein nasses Fest begehen.

Tanz und Zauberspiel im klaren
Regen, der nach ihnen rief!
Weht ein Wind, stehen die Mützen
alle schief.

(Georg Britting)

Nebelspruch

Nebel steht weiß,
streift dein Gesicht,
deckt dir das Eis,
frisst dir das Licht.

Geh nicht ins Feld,
läufst bald im Kreis!
Fremd ist die Welt,
Nebel steht weiß.

(Ursula Wölfel)

Hochwasser

Der Strom,
der so lange karg
im schmalen Graben
dahinfloss,
schwillt jäh
von dem schmelzenden Winter
in den Gebirgen.
Er steigt in die Ebene,
über Nacht,
heimlich, lautlos.
Die Maulwürfe ertrinken,
die Mäuse, die Engerlinge.
Der Mensch
sitzt hinter Dämmen und Deichen.
Er fürchtet sich.
Die Pappel wird dunkel
von all der aufgetrunkenen Kühle,
von all der fließenden Kraft.
Für einen langen Sommer.

(Rolf Bongs)

Über die Erde

Über die Erde
sollst du barfuß gehen.
Zieh die Schuhe aus,
Schuhe machen dich blind.
Du kannst doch den Weg
mit deinen Zehen sehen.
Auch das Wasser
und den Wind.

Sollst mit deinen Sohlen
die Steine berühren,
mit ganz nackter Haut.
Dann wirst du bald spüren,
dass dir die Erde vertraut.

Spür das nasse Gras
unter deinen Füßen
und den trockenen Staub.
Lass dir vom Moos
die Sohlen streicheln und küssen
und fühl
das Knistern im Laub.

Steig hinein,
steig hinein in den Bach
und lauf aufwärts
dem Wasser entgegen.
Halt dein Gesicht
unter den Wasserfall.
Und dann sollst du dich
in die Sonne legen.

Leg deine Wange an die Erde,
riech ihren Duft und spür,
wie aufsteigt aus ihr
eine ganz große Ruh.
Und dann ist die Erde
ganz nah bei dir
und du weißt:
Du bist ein Teil von allem
und gehörst dazu.

(Martin Auer)

Rahmenthema „Träume und Fantasien"

Wundersame Hilfe

Es saß ein winz'ger Riese,
ein „Rieschen" eigentlich,
verheult auf einer Wiese
und weinte bitterlich.

Er war so klein geblieben,
wurd' riesig leider nicht,
drum hat man ihn vertrieben:
„Geh weg, du ‚Riesen-Wicht'!"

Nun saß er auf der Wiese,
in Tränen fast zerflossen.
Doch denkt euch, grade diese,
die haben ihn begossen,

dass er begann zu wachsen
dank seiner Tränen Flut.
Jetzt misst er von den Haxen
zum Kopf fünf Meter gut.

(Herbert Lehmann)

Zauberstab und Zauberhut

Zauberstab und Zauberhut,
gelb mit roten Drachen,
stehn dem alten Zauberer gut,
sind seine besten Sachen.
Abends in der Zauberküche
übt er seine Zaubersprüche,
das erhöht die Zauberkraft.
Zaubern kann er zauberhaft.

Morgens steht der Zauberer auf
aus dem Zauberbette,
bringt die Zauberuhr in Lauf
an der Zauberkette.
Und er wäscht sich mit der Zauber-
seife Hals und Ohren sauber.
Und dann stehn ihm doppelt gut
Zauberstab und Zauberhut.

(Peter Hacks)

Dreizehn Drachen

Vor dem Kamin stehn dreizehn Drachen,
um dort ein Feuer zu entfachen.
Immer geht das Feuer aus.
Nach Stunden finden sie heraus,
dass einer anders ist als alle:
Er spuckt Wasser und heißt Kalle!

(Andreas Röckener)

Murmelverse

niemand mag den schmurgelstein
tupfengleich und blink –
reib die nase glatt und rein
an dem schnurreschmirgelstein –
auf drei beinen hink.

pfropf den mond ins plunderhorn
glimmerdünn und weiß –
geh dann weiter ungeschorn
durch das krumme wunderhorn –
zahl den flunkerpreis.

(Peter Härtling)

Manchmal

Manchmal, wenn ich im Garten liege,
und langsam ziehen die Wolken dahin,
fühle ich deutlich, wie ich fliege.
Ich glaube, dass ich ein Vogel bin.

(Frantz Wittkamp)

Zwölf Schubladen

Es gingen drei Kinder
durch den Wald.
Die Kinder waren jung,
der Wald war alt.

Da haben die drei
unter Fichten versteckt
ein steinernes
uraltes Haus entdeckt.

Sie klopften an.
Kein Mensch rief herein.
Da fassten sie Mut
und traten doch ein.

Sie blickten sich
in der Stube um.
Da sahen sie stehen,
verstaubt und stumm:

Eine uralte Uhr,
eine uralte Bank,
einen uralten Tisch,
einen uralten Schrank.

Der Schrank war
wie der Himmel blau
und hatte Schubladen,
zwölf genau.

In der ersten lag ein gläserner Ball,
in der zweiten ein Posthorn aus gelbem Metall.
In der dritten ein Männlein aus Elfenbein,
in der vierten ein Ring mit grünem Stein.
In der fünften ein vertrockneter Srauß,
aus der sechsten sprang eine silbrige Maus.
In der siebten lag ein zerbrochener Krug,
in der achten ein Bild: braune Adler im Flug.
In der neunten lag ein Gewicht aus Blei,
die zehnte war voll von allerlei.
In der elften lag ein Seidentuch,
in der zwölften ruhte ein uraltes Buch.

Auf dem Buch stand geschrieben:
Nimm und lies!
Sie schlugen das Buch auf,
da lasen sie dies:

Es gingen drei Kinder …

(Josef Guggenmos)

Rahmenthema „Medien"

Fernsehen

Nachrichten.
Liebesgeschichten.
Sport.
Ein Krimi mit Mord.
Wetterbericht.
Programmübersicht.
Schlagerparade.
Werbung für Schokolade.
Bombenkrieg.
Volksmusik.

Kurz vor zwölf
schalte ich aus.

Plötzlich
ist's ungewohnt still im Haus.

(Georg Bydlinski)

Geisterstunde

Zwei G e i s t e r
wollten g e s p e n s t e r n gehn
um Mitternacht.

Da trafen sie,
wer hätte das gedacht,
einen beim In-die-Ferne-Sehn.
Der saß vor einer Kiste
mit Fenster.

Siehste, sprach da
der eine Geist,
die haben jetzt
s e l b e r Gespenster.

(Kurt Wölfflin)

Unerhörte Begebenheit

Ein Maler malte Menschen
Die ohne Flugzeug flogen
Und so wie wilde Schwäne
Über den Himmel zogen.

Da sagte man dem Maler
Er sei wohl nicht gescheit
Denn ohne Flugzeug fliege
Kein Mensch in Wirklichkeit.

Der Maler nahm sein Bild
Und sagte nicht ein Wort
Hielt es wie einen Drachen
Und flog im Herbstwind fort.

(Dieter Mucke)

SMS-Botschaft vom 25.07.2000, 22 Uhr 57

Ein Käferlein, ganz klitzeklein,
fiel in ein Glas Bier hinein.
Ich fischte es raus, ich hab ein Herz.
Jetzt torkelt es, das ist kein Scherz!?

BB (im Internet gefunden)

Jimmy Spät und sein Fernsehgerät

Ich erzähl die Geschichte von Jimmy Spät,
die ist wahr, also hör gut zu.
Der saß so gerne vor dem Fernsehgerät,
genauso oft wie du.

Er guckte vom Tage bis tief in die Nacht,
sein Gesicht wurde bleich und grau.
Er guckte das Vormittagsmagazin
und die letzte Tagesschau.

Er guckte sich die Augen weit,
bis er angewachsen war.
Ein Lautstärkeregler wuchs ihm am Kinn
und Antennen in seinem Haar.

In seinem Kopf wuchsen Fernsehröhren,
eine Mattscheibe war sein Gesicht,
seine Ohren wurden zwei Reglerknöpfe
für Bildschärfe und für Licht.

Und hinten wuchs eine Schnur wie ein Schwanz,
jetzt hängt er am Stromnetz dran.
Und Jimmy Spät guckt kein Fernsehen mehr,
sondern wir, wir sehen ihn an.

(Shel Silverstein)

Computer-Lied

Du mein allerliebster guter
Personal-Computer:
Siehst so klug aus, bist so schnell
und dein Bildschirm leuchtet hell,
summst so friedlich,
druckst so niedlich
mir dein ganzes Wissen aus,
bist der Größte hier im Haus!

Du mein allerliebster guter
Personal-Computer:
Bist so freundlich, leicht zu tasten,
hast so furchtbar viel im Kasten.
Immer hast du für mich Zeit,
drum verzeih meine Ehrlichkeit:
Eines macht mir noch Verdruss,
dass ich selber denken muss …

(Harald Braem)

Texte und Gattungen

Für Kinder des vierten Schuljahres lassen sich kinderlyrische Texte auch schon unter dem Aspekt der sprachlichen Form, der Aussageweise einbringen. Diese wird mit bestimmt durch die Intention der Autorin oder des Autors, durch die Idee, z. B. ein Geschehen darzustellen oder die Natur zu besingen oder zum Nachdenken zu drängen.

Motté (1983) und Reger (1994) haben versucht, die Gattung der Kinderlyrik noch weiter zu unterteilen. Das gelingt, wenn wir uns auf den wesentlichen Aspekt des einzelnen Textes beschränken, d. h., zahlreiche Texte wären mehreren Untergattungen zuzuordnen, wollten wir sie im Ganzen berücksichtigen.

Wir schlagen Zuordnungen vor, einmal um ein mögliches Auswahlkriterium zu nennen, zum Zweiten, um charakteristische Merkmale der Texte zum Vergleich anzubieten, und drittens, um gegebenenfalls solche Vergleiche auch mit Schülerinnen und Schülern zu thematisieren. Im Folgenden nennen und erläutern wir die einzelne Untergattung und fügen dann jeweils als Beispiele einige Texte hinzu, die unserer Meinung nach dieser Gattung entsprechen.

Erlebnis- oder Stimmungslyrik

Zu dieser Kategorie werden Naturgedichte, Tiergedichte, Dinggedichte gezählt, auch Gedichte, die das Kindsein thematisieren, ohne es zu problematisieren. Die bezeichneten Gegenstände und Lebewesen sind das Thema selbst. Diese Texte zielen auf eine literarisch-kommunikative Rezeption, aus der sich im Rahmen von Unterricht gut eine kreativ akzentuierte Umgangsweise ergeben kann:

Für den Winterabend

Wenn der Mondmann geht ums Haus,
weht der Schnee bald leiser,
nur die rote Feuermaus
huscht noch durch die Reiser.
Leiser, als die Spinne spinnt,
webt im Ofenloch der Wind
Träume schon für Vater,
Mutter, Kind und Kater.

(Christine Busta)

Spiegelnder Fluss

Wasser, glasklar
bis auf den Grund.
In der Tiefe die Kiesel
blank und bunt.

Silberne Fische,
zu Haus in der Flut.
Segelnde Blüten.
Hier ist es gut.

Unser Gesicht,
wie es da liegt,
vom gleitenden Wasser
leise gewiegt.

Ein springender Fisch
plumpst wieder zurück.
Erloschen ist alles
im Augenblick.

Sich jagende Ringe.
Wie das eilt, wie das quillt.
Was klar war, liegt grau
von Schleiern verhüllt.

Die Ringe verrinnen.
Und, wie es war,
liegt alles wieder
glasklar.

(Robert Louis Stevenson)

Ein grünes Blatt

Ein Blatt aus sommerlichen Tagen,
ich nahm es so im Wandern mit,
auf dass es einst mir möge sagen,
wie laut die Nachtigall geschlagen,
wie grün der Wald, den ich durchschritt.

(Theodor Storm)

Der Rauch

Das kleine Haus unter Bäumen am See.
Vom Dach steigt Rauch.
Fehlte er,
wie trostlos dann wären
Haus, Bäume und See.

(Bertolt Brecht)

Im Gras

Schönes, grünes, weiches Gras.
Drin
liege ich.
Mitten zwischen Butterblumen!
Über mir,
warm,
der Himmel:
ein weites, zitterndes Weiß,
das mir die Augen langsam, ganz langsam
schließt.
Wehende Luft ... ein zartes Summen.
Nun
bin ich fern
von jeder Welt,
ein sanftes Rot erfüllt mich ganz,
und deutlich spüre ich, wie die Sonne mir durchs Blut rinnt –
minutenlang.
Versunken alles. Nur noch ich.
Selig!

(Arno Holz)

Incident

ONCE riding in old Baltimore,
Heart-filled, head-filled with glee,
I saw a Baltimorean
Keep looking straight at me.

Now I was eight and very small,
And he was no whit bigger,
And so I smiled, but he poked out
His tongue, and called me, „Nigger.“

I saw the whole of Baltimore
From May until December;
Of all the things that happened there
That's all that I remember.

(Countee Cullen)

Reflexions- oder Gedankenlyrik

Diese Kategorie unterscheidet sich von den anderen durch einen höheren Reflexionsstand und auch Abstraktionsgrad der Sprache. Thema ist weniger der Gegenstand selbst als die Reflexion über ihn. Diese Gedichte greifen Probleme der Kinder auf, die sich auf deren Lebensbereiche und Erkenntnisinteressen beziehen. Gedankenlyrik will zum Nachdenken anregen, sie will informieren, belehren, aufklären, aufrütteln, herausfordern, eventuell auch einschüchtern und schließlich zum Handeln auffordern.

Als Themen werden genannt: Eltern und Kinder, Umweltschutz, Friedensbewegung, Gesellschaftskritik, also Themen der heutigen modernen Welt:

Was meinst du dazu?

Ein Mausloch ist winzig,
doch die Maus passt hinein.
Die Sterne sind riesig,
doch wir sehen sie klein.
Das Veilchen am Waldrand
bemerken wir kaum.
Für die Grille am Boden
ist das Veilchen ein Baum.
Was dem einen eine Hütte,
ist dem anderen ein Palast.
Eine Krume,
die du wegbläst,
schleppt der Käfer als Last.

(Vera Ferra-Mikura)

Neujahrsnacht

Diese Nacht ist ein Fluss.
Mein Bett ist ein Kahn.
Vom alten Jahr stoße ich ab.
Am neuen lege ich an.

Morgen springe ich an Land.
Dies Land, was ist's für ein Ort?
Es ist keiner, der's weiß.
Keiner war vor mir dort.

(Josef Guggenmos)

Vom Nutzen des Purzelbaumschlagens

Beim Purzelbaumschlagen
kannst du die Welt drehen!
Vielleicht, dass sich einiges
 richtig stellt,
andersherum gesehen.

(Jo Schulz)

Die Taube spricht

Zum Friedensengel ward ich jüngst gemacht,
ich sah's auf dem Plakat und hab' gedacht:
Dass mir solch hohe Ehr beschieden,
steht mir zwar reizend zu Gesicht
und macht mich eitel schier –
doch lieber wäre mir,
sie hätten ihren Vogel nicht
und hielten dafür Frieden.

(Rudolf Otto Wiemer)

Wegwarte

Da stehst du am Weg,
stehst immerzu.
Wegwarte am Weg,
auf wen wartest du?

Mit blauen Augen
schaust du mich an.
Was weiß ich,
was ich dir sagen kann?

Wegwarte, raue,
du bist schön, du bist da.
Du bist du, ich bin ich.
Was lebt, ist sich nah.

(Josef Guggenmos)

Weihnachten

Was würdest du machen,
wenn Weihnachten wär
        und kein Engel würde singen.
Es gäbe auch keine Geschenke mehr,
        kein „Süßer-die-Glocken-nie-klingen".
Im Fernsehen hätte der Nachrichtensprecher
        Weihnachten glatt vergessen.
Und niemand auf der ganzen Welt
        würde Nürnberger Lebkuchen essen.
        Die Nacht wäre kalt.
Dicke Schneeflocken fielen,
        als hätt sie der Himmel verloren.
Und irgendwo in Afghanistan
        würde ein Kind geboren.
In einem Stall, stell es dir vor.
        Die Eltern haben kein Haus.
Was glaubst du,
wie ginge wohl dieses Mal
        eine solche Geschichte aus?

(Jutta Richter)

Geschehnislyrik

Zu dieser Gattung gehören: die Ballade, das Erzählgedicht, die Versfabel, die Moritat und der Bänkelsang, im Wesentlichen also Formen, die historisch verfestigt sind und möglicherweise Bestand haben. Diese Texte tragen individuelle und gesellschaftliche Probleme des Menschen in erzählerischer (epischer) Darstellung vor. Es wird von Erlebnissen, fiktiven Begebenheiten, geschichtlichen Ereignissen und historischen Gestalten erzählt. Die Autoren möchten mit diesen Gedichten informieren, unterhalten, belustigen, zum Staunen bringen, belehren und Protest wie Handeln provozieren (vgl. Reger 1994).

Die Biene Liane

Die Biene Liane
Fiel – plumps – in die Sahne
Und strimpelt und strampelt
Und himpelt und hampelt
Und zappelt gar sehr
In der Sahne umher.

Nun kann sie nicht starten
Zu lustigen Fahrten.
Nun summt sie und brummt sie
Und paddelt und schwaddelt
Und schaukelt – summsumm –
In der Sahne herum.

Die Biene Liane
Schlägt Schaum in der Sahne.
Das Quirrlen und Wirrlen,
Das Blubbern und Bubbern
Verwirrt ihr den Blick.
Doch die Sahne – wird dick!

Die Sahne – o wehe –
Sie schäumt in die Höhe.
Die Bläschen im Gläschen,
Sie quellen und schwellen.
Das Bienchen wird lahm.
Aber dick wird der Rahm.

Die Biene Liane
Steigt auf mit der Sahne.
Dies Schäumen, Sich-Bäumen –
Wer ließ sich das träumen? –
Es hebt sich mit Braus
Aus der Sahne heraus!

Sie quillt aus dem Glase
Und fällt auf die Nase.
Da schluchzt sie und juchzt sie
Und bügelt die Flügel
Und brummelt vergnügt
Und erhebt sich und – fliegt!

(James Krüss)

Urlaubsfahrt

koffer koffer kindertragen
flaschen taschen puppenwagen
papa mama koffer kinder
autokarte notlichtblinker

früh geweckt gefrühstückt raus
winke winke schlüssel haus
autobahnen autoschlange
kinderplappern mama bange

schlange kriechen sonne heiß
stinken staub benzin und schweiß
stockung hunger mama brote
papa skatspiel radio: tote

schlafen schimpfen hupen schwitzen
weiterfahren weitersitzen
müde mitternacht hotel pension
dreißigtausend warten schon

(Hans A. Halbey)

Zwei Heimgekehrte

Zwei Wanderer zogen hinaus zum Tor
zur herrlichen Alpenwelt empor.
Der eine ging, weil's Mode just,
den anderen trieb der Drang in der Brust.

Und als daheim nun wieder die zwei,
da rückt die ganze Sippe herbei,
da wirbelt's von Fragen ohne Zahl:
„Was habt ihr gesehn? Erzählt einmal!"

Der eine drauf mit Gähnen spricht:
„Was wir gesehn? Viel Rares nicht!
Ach, Bäume, Wiesen, Bach und Hain
und blauen Himmel und Sonnenschein!"

Der andere lächelnd dasselbe spricht,
doch leuchtenden Blicks, mit verklärtem Gesicht:
„Ei, Bäume, Wiesen, Bach und Hain
und blauen Himmel und Sonnenschein!"

(Anastasius Grün)

Der Kirschdieb

An einem frühen Morgen, lange vor Hahnenschrei
Wurde ich geweckt durch ein Pfeifen und ging zum Fenster
Auf meinem Kirschbaum – Dämmerung füllte den Garten –
Saß ein junger Mann mit geflickter Hose
Und pflückte lustig meine Kirschen. Mich sehend
Nickte er mir zu, mit beiden Händen
Holte er die Kirschen von den Zweigen in seine Taschen.
Noch eine Zeitlang, als ich wieder in meiner Bettstatt lag
Hörte ich ihn sein lustiges kleines Lied pfeifen.

(Bertolt Brecht)

Gefunden

Ich ging im Walde
So für mich hin,
Und nichts zu suchen,
Das war mein Sinn.

Im Schatten sah ich
Ein Blümchen stehn,
Wie Sterne leuchtend,
Wie Äuglein schön.

Ich wollt' es brechen,
Da sagt' es fein:
Soll ich zum Welken
Gebrochen sein?

Ich grub's mit allen
Den Würzlein aus.
Zum Garten trug ich's
Am hübschen Haus.

Und pflanzt' es wieder
Am Stillen Ort,
Nun zweigt es immer
Und blüht so fort.

(Johann Wolfgang Goethe)

Advent

Es treibt der Wind im Winterwalde
die Flockenherde wie ein Hirt,
und manche Tanne ahnt, wie balde
sie fromm und lichterheilig wird,
und lauscht hinaus. Den weißen Wegen
streckt sie die Zweige hin – bereit
und wehrt dem Wind und wächst entgegen
der einen Nacht der Herrlichkeit.

(Rainer Maria Rilke)

Sprachspiele

In dieser Kategorie ist die Sprache selbst das zentrale Thema. Der Wert liegt im Spiel mit der Sprache, das auf der grafischen, der phonetischen, der semantischen Ebene und der poetologisch-stilistischen Ebene abläuft. In der modernen Kinderlyrik (vgl. Motté 1983) finden wir dafür reichlich Beispiele.

Die Kategorie der Sprachspiele ist historisch verhaftet in der Unsinnspoesie, der Nonsens-Literatur. Für die kinderlyrische Richtung gibt es Reimspiele, Lügengedichte, Witze, satirische Gedichte, Parodien, Rätsel, Buchstabenspiele, Spiele mit Lauten, Spiele mit Schrift und Wort (vgl. Reger 1994). Auch Abzählverse kann man hier einordnen.

Abzählverse

Ele mele mink mank
pink pank
use duse ackadeia
eia weia weg

ene, wene, winne, wonne,
wie, wo, weg!

Die bösen Buben

Sechs bitterböse Jangen
sind einmal ins Feld gesprangen.
Sie hausten dort auf dem Lunde
als richtige Rasselbunde.
Sie machten so manche Sochen,
wär's nicht so ernst, wär's zum Lochen.
Sie lockten die zahmen Tuben,
man sollte es gar nicht gluben!
Auch wollten sie fangen die Hosen,
die hoppelten über den Rosen.
Sie neckten die friedlichen Schefe
und weckten den Hirt aus dem Schlefe.
Sie waren nicht lieb und beschieden.
Drum mochte sie niemand lieden.

(Bruno Horst Bull)

Das Burggespenst

Es klappert
und plappert,
es wispelt
und lispelt,
es gleitet
und schreitet,
es tappt
und trappt,
es haspelt
und raspelt,
es schwatzt
und kratzt,
es flüstert
und knistert,
es scharrt
und knarrt,
es kneift
und pfeift,
es saust
und braust,
es raunzt
und maunzt,
es schleicht
ganz leicht
und höhnt
und stöhnt,
es zischt
und wischt,
es weint
und greint,
es wimmert
und schimmert
und glitzert und glänzt,
das Burggespenst.

Es heult immer schlimmer
und trabt durch die Zimmer:
Tripp, trapp, hiiii, heeee!
Klipp, klapp, fliiii, fleeee!
Auf fahlem Ross
durchs Geisterschloss.

(Josephine Hirsch)

fünfter sein

tür auf
einer raus
einer rein
vierter sein

tür auf
einer raus
einer rein
dritter sein

tür auf
einer raus
einer rein
zweiter sein

tür auf
einer raus
einer rein
nächster sein

tür auf
einer raus
selber rein
tagherrdoktor

(Ernst Jandl)

Kappenkauf

Sitzt dir, Knabe,
die Kappe zu knapp,
setz die knappe
Kappe ab!
Die da, du,
die passt dir schier!
Nimm die da, du,
nein, die da hier!
Die, die du jetzt hast:
die da, du, die passt!

(Josef Guggenmos)

Regen regnet, regnet Regen,
regnet Regen ins Gesicht.
Regnet Regen keinen Regen,
regnet Regen Regen nicht.

Regenpfeifer pfeift dem Regen,
pfeift dem Regen ins Gesicht,
warum Pfeifer pfeift dem Regen,
wissen Pfeif und Regen nicht.

(Christa Reinig)

Lob der Dase

Heut, Kidder, wolled wir eidbal
das Lob der Dase sigged
udd ihr id stiller Dakkbarkeit
dies schöde Städdchen brigged.

Wer ist es, Ebpörugg schdaubt
udd schdarcht so bald Versöhdugg?
Scharf ist der Sedf id Sedftedberg,
doch alles ist Gewöhdugg.

Udd wedd sie rot wird, kobbt's vob Frost.
Was sodst? Da hilft dur Reibed.
Schwarz wird sie, heißt's, bei Leuted, die
dicht bei der Wahrheit bleibed.

(Günter Saalmann)

5 Unterrichtsskizzen

Kindergedichte gestalten (2./ 3. Schuljahr)
(durchgeführt von Ariane Thiel)

Thema

Es geht um das Kennenlernen von Gedichten zum Thema „zwischenmenschliche Beziehungen", für die Kinder um „Ich", „Freundschaft" und „Streit". Sie sind immer aktuell und bieten unterschiedliche Identifikationsmöglichkeiten und auch Herangehensweisen. Gefühle, die aus dem Miteinander entstehen, sind für Kinder alltäglich und gleichermaßen prägend. Sie werden auch von den Kindern intensiver, nämlich relativ ungebrochen erlebt. – Die Gedichte haben unterschiedliche sprachliche Strukturen, aber auch Regeln, denen sie alle gehorchen: Klänge, Reime, Rhythmen, Verse, Strophen.

Intention

Die Kinder sollen ihre eigene Kreativität entdecken, indem sie Gedichte eigenverantwortlich gestalten. Dabei lernen sie, aus Angeboten das für sie Richtige auszuwählen, sich für bestimmte Materialien zu entscheiden und eigenständig, gegebenenfalls in kleinen Gruppen zu arbeiten. Zudem bietet ihnen das Thema „zwischenmenschliche Beziehungen" viel Stoff zum Nachdenken und zur Auseinandersetzung mit sich selbst.

Lernziele

– Die Kinder sollen aus einem Vergleich zwischen drei ihnen vorgelegten Gedichten (gereimt, ungereimt, verspielt) Kriterien erarbeiten und in ihrer Sprache formulieren, die für alle Kindergedichte gelten.
– Diese Erfahrungen und Erkenntnisse können dann anhand von praktischen Übungsbeispielen erprobt und vertieft werden.
– Die Kinder sollen drei Gedichte zum Thema Freundschaft lesen, in ihrer Bedeutung unterscheiden und individuell kreativ gestalten, d. h. mit Bildern versehen oder in Bilder umsetzen.

Handlungsziele

– Die Kinder wählen selbstverantwortlich Materialien für ihre Arbeit aus,
  die sie einzeln oder in Gruppen durchführen können.
– Die Kinder setzen ihre eigenen Ideen und Fantasien um, in einer von ihnen bestimmten Methode.

Realisierung

Zum Einstieg werden den Kindern im Sitzkreis drei unterschiedliche Texte
vorgelesen, langsam, fürs Zuhören. Nach jedem Gedicht gibt es eine kurze
Pause, bis alle wieder ruhig sind. Dann werden alle drei Gedichte noch einmal wiederholt, damit sie sich den Kindern besser einprägen.

Warum sich Raben streiten

Weißt du, warum sich Raben streiten?
Um Würmer und Körner und Kleinigkeiten,
um Schneckenhäuser und Blätter und Blumen
um Kuchenkrümel und Käsekrumen
und darum, wer Recht hat und Unrecht, und dann
auch darum, wer schöner singen kann.
Mitunter streiten sich Raben wie toll
darum, wer was tun und lassen soll,
und darum, wer Erster ist, Letzter und Zweiter
und Dritter und Vierter und so weiter.
Raben streiten sich um jeden Mist.
Und wenn der Streit zu Ende ist,
weißt du, was Raben dann sagen?
Komm, wir wollen uns wieder vertragen!

(Frantz Wittkamp)

Ich

Ich stehe manchmal neben mir
Und sage freundlich du zu mir
Und sag du bist ein Exemplar
Wie keines jemals vor dir war.
Du bist der Stern der Sterne.
Das hör ich nämlich gerne.

(Jürgen Spohn)

Wir

Ich bin ich
und du bist du.
Wenn ich rede,
hörst du zu.
Wenn du sprichst,
dann bin ich still,
weil ich dich verstehen will.
Wenn du fällst,
helf ich dir auf,
und du fängst mich,
wenn ich lauf.
Allein kann keiner diese Sachen,
gemeinsam können wir viel machen.

(Irmela Brender)

Nach diesem stimmungsvollen Einstieg erhalten die Kinder drei große Briefumschläge, in denen die drei Texte in großen Druckbuchstaben geschrieben, dann zerschnitten, liegen. Die Kinder bilden – je nach Zuwendung zu einem der Gedichte – drei Gruppen, die dann die drei Gedichte wieder zusammensetzen und den anderen Gruppen vorlesen.

Im Sitzkreis werden gemeinsam einige Merkmale genannt, die ein Gedicht ausmachen:
- Ein Gedicht ist kurz, es ist keine Geschichte.
- Ein Gedicht besteht aus Zeilen oder Versen und aus Strophen.
- Die Verse reimen sich oft, aber nicht immer.
- Satzzeichen sind manchmal weggelassen.
- Gedichte kann man gut lesen und jedes Mal anders.

Bearbeitung

An fünf Gruppentischen liegen insgesamt 12 Arbeitszettel aus. Die Kinder werden informiert, dass sie nicht an ihrem Platz bleiben sollen, sondern sich dorthin setzen, wo das Arbeitsblatt liegt, das sie sich zur Bearbeitung ausgesucht haben. Wenn sie ein Arbeitsblatt beendet haben, suchen sie sich ein nächstes und damit einen neuen Arbeitsplatz.

1. Beispiel für ein Arbeitsblatt

	Maus		Reis		Hecke		Turm
	Hund		Tuch		Socke		Kanne
	Vase		Sand		Glas		Feld
	Topf		Schild		Traum		Lanze
	Tee		Truhe		besuchen		flach
	Dose		Rolle		Stein		Scherze

– Schneide alle Wörter und alle Bilder aus. Wähle immer ein Wort
aus und ordne ihm ein Bild zu, das sich reimt,

zum Beispiel: HUND zu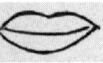

oder TRAUM zu

– Wenn du alle Wörter und Bilder ausgeschnitten und zu Paaren
geordnet hast, klebe alle Paare auf ein Extrablatt. Dann bist du
fertig.

2. Beispiel für ein Arbeitsblatt (hier nur oberer Abschnitt)

ABC-Blatt

Schreibe zu jedem Buchstaben ein Wort, das dir gefällt.

A _____

B _____

C _____

D _____

---

3. Beispiel für ein Arbeitsblatt

Sprachspiel

Sprachspiele sind Spiele mit Sprache, also mit Wörtern und Sätzen.
Jürgen Spohn hat eines geschrieben, das so aussieht:

Am
Am Ende
Am Ende von
Am Ende von der
Am Ende von der Leiter
Da geht es nicht mehr weiter

Kannst du ein ähnliches Sprachspiel schreiben?

Es

Es gab

Es gab einen

Es gab einen Riesen

Es gab einen Riesenkrach.

Vertiefung

Den Kindern werden noch mal die drei oben genannten Gedichte – in großen Buchstaben geschrieben und jede Strophe auf einem eigenen Blatt – angeboten. Sie wählen sich – eventuell zu zweit – eines aus, lesen es ein paarmal und illustrieren es mit Bildern. Farbbuntstifte und Filzstifte liegen bereit. Die Kinder haben Zeit und können sich gegenseitig besuchen und besprechen und von der Lehrerin beraten werden. Zum Ende haben alle Kinder ihre Gedichte mit Bildern versehen und zeigen sie den anderen Kindern im Stuhlkreis.

Silke und Alissa präsentierten ein mehrseitiges Ergebnis, das hier im Buch auf den Seiten 90 ff. abgedruckt ist. Andere Ergebnisse waren Comics zu dem Text von Wittkamp und szenische Bilder zu dem Text von Brender.

Reflexion

Die bebilderten Texte werden vorgezeigt und die Künstlerinnen und Künstler gebeten, zu erzählen, wie sie entstanden sind. Der Austausch über die Ergebnisse soll nicht ihrer Bewertung gelten, sondern dem Vergleich unterschiedlicher Lösungen.

Veröffentlichung

Alle Ergebnisse werden zu einem Büchlein gebunden, das im Klassenraum ausliegt und immer wieder angesehen werden kann.

Exkurs

(durchgeführt von Mirja Lücken)
Das Gedicht „Ich" kann auch anders gestaltet werden:
- Wir lesen es ruhig vor. Die Kinder hören zu und lassen es auf sich wirken.
- Äußerungen der Kinder: „Ich rede auch manchmal mit mir, als wäre ich noch eine andere" / „Wenn ich nicht weiß, ob ich etwas machen soll oder nicht" / „Oder wenn man traurig ist und es keinem sagen will. Aber nur, wenn ich allein bin. Eigentlich nicht laut, sondern nur so" / „Stimmt! Ich glaube, das Mädchen ist traurig, wenn es sich was erzählt, was es gerne hört".
- Wie kann das andere Ich denn aussehen? Die Kinder stellen sich Situationen vor. Das andere Ich muss lieb sein, es soll ja aufmuntern. – Meditative Musik erklingt. Ein Kind geht langsam voraus und macht deutliche Bewegungen mit den Armen. Das andere Kind folgt und macht die Bewegungen genau nach. Sie gehen aufeinander ein.

- Die Kinder stellen sich zu zweit gegenüber. Das erste bewegt sich pantomimisch; das zweite ahmt alles nach wie in einem Spiegel. Die Seitenverkehrung macht einige Schwierigkeiten.
- Der Text wird zunächst von der Lehrerin gesprochen. Dadurch kommen die Pantomimen in eine Folge.
- Die Kinder übernehmen, die Verse im Wechsel zu sprechen und die Bewegungen darauf abzustimmen. Es entstehen unterschiedliche Darstellungen der unterschiedlichen Paare.
- Verschiedene Klanginstrumente werden in die Runde gegeben. Je zwei Paare tun sich zusammen, eines für die Darstellung, das andere für die klangliche Begleitung. Welcher Klang passt zu welchen Versen?

Ergebnis

Text: Ich / *Darstellung:* Beide Kinder stehen hintereinander und machen zwei Schritte nach vorn / Musik: Tamburinschläge genau zu den Schritten.

Ich stehe manchmal neben mir / Die Kinder treten nebeneinander, schauen nach vorn / Die Schritte werden vom Tamburin begleitet.

Und sage freundlich DU zu mir / Das eine Kind wendet sich dem anderen freundlich lächelnd zu und betrachtet es / Dabei wird ein Schlegel über das Xylophon gezogen.

Und sag du bist ein Exemplar / Das angesprochene Kind dreht sich auch dem ersten zu und lächelt zurück / Die Schritte werden wieder vom Tamburin rhythmisch begleitet.

Wie keines jemals vor dir war / Die beiden Kinder stehen einander gegenüber / Wieder erklingt das Xylophon.

Du bist der Stern der Sterne / Beide Kinder machen ausgreifende Bewegungen in Richtung Himmel. Sie kommen sich näher und legen den Kopf schief – spiegelbildlich / Bei dem Wort „Stern" erklingt ein langer Triangelton.

Das hör ich nämlich gerne / Die Kinder lachen sich an, geben sich die Hand und treten wieder hintereinander / Handgeben mit Triangelbegleitung, Hintereinandertreten mit Tamburinbegleitung.

Fazit

„Ich wusste gar nicht, dass Gedichte so viel Spaß machen können!" (Stefanie).

Kindergedichte schreiben (4. Schuljahr)

(durchgeführt von Sina Stuve und Heidrun Pietsch)

Thema

Das Thema „Wetter" gehört zum alltäglichen Erfahrungsbereich der Kinder. Sie alle haben mit den Launen des Wetters zu tun, freuen sich über Sonne und Regen, nutzen sie zum Spiel, kennen die kleinen und großen Schönheiten und Gefahren. Es geht um die Begegnung mit Wetter-Gedichten, um den Einblick in ihre sprachlichen Strukturen und um Versuche, eigene Gedichte zu schreiben.

Intention

Die kinderlyrischen Aussageweisen bedienen sich besonderer Elemente, die zwar in der kindlichen, oft spielerischen Alltagssprache angelegt, aber nicht herausgestellt sind: Klang, Reim und Rhythmus. Sie sollen – nach einer ersten eher ganzheitlichen Begegnung mit Texten – beachtet, empfunden und erkannt werden. Im Rahmen der methodischen Konzepte „Lernen an Stationen" und „Lyrikwerkstatt" haben die Kinder differenzierte, individualisierte Möglichkeiten, Texte zu erfinden und aufzuschreiben. In den Gedichten werden sich die affektiven Erfahrungen, aber auch die kognitiven Erkenntnisse widerspiegeln. Die Gedichte sollen Reime, klanghafte Wörter und rhythmische Strukturen enthalten.

Realisierung

Nach einem ersten kurzen Austausch über Gedichte – die Kinder kamen auf Strophen, Zeilen (wir verbesserten: Verse) und Reime zu sprechen – wurde den Kindern das folgende Gedicht vorgelegt.

Der Regen

Die Wolke und die Wiese
sind sich ganz nah gekommen.
Als ich sie sehen wollt,
sind sie davongeschwommen.

Und nur ein Rauschen blieb,
rauscht eine lange Stunde.
Da war die Luft gebadet
und lag leicht im Munde.

(Volker Braun)

Der Text wurde still gelesen, laut gelesen, vorgelesen und genauer betrachtet. Wir stellten gemeinsam mithilfe unseres Vokabulars heraus, dass das Gedicht in Versen und Strophen geschrieben ist, dass es Reime enthält („Reime kennt ihr! Denkt euch welche aus! Sagt sie auf!"), klingende Wörter, und dass jede Zeile, jeder Vers anders betont werden muss, einen eigenen Rhythmus hat. Dabei wurden die Kinder mitgenommen in die Bilder, die das Gedicht malt: Sie äußerten ihre Vorstellungen, beschrieben sie und verglichen sie.

Kommentar

Diese recht emotionale, auch ein wenig frontale Einführung erwies sich als machbar, weil die Kinder sich von diesem eminent lyrischen Text erfassen ließen. Sie wollten sich äußern, auch über ihre Gefühle, und die wenigen Erfahrungen über Gedichte konnten einfließen.

Stationen

An Stationen zum Umgang mit der Gedichtsprache wurden – über den Klassenraum verteilt – verschiedene Materialangebote bereitgehalten. Die Aufgaben waren unterschiedlich schwierig, berücksichtigten alle Eingangskanäle, d. h., es wurden alle Sinne angesprochen. Die Kinder konnten sich ihren methodischen thematischen Zugang aussuchen und ihr eigenes Arbeitstempo bestimmen. Zum Austausch der Ergebnisse – äußerst wichtig für die Kinder – wurden Zeiteinheiten vorgegeben.

Den Kindern wurde die Arbeit an den sechs Stationen erläutert:
1. Schreibe ein kleines vierzeiliges Gedicht und lies es anderen Kindern vor.
2. Wähle eines der bereitliegenden Gedichte aus und male ein treffendes Bild dazu. Zeige Bild und Text anderen Kindern.
3. Wähle eines der bereitliegenden Gedichte aus und versuche, es langsam und betont zu lesen. Nimm dein Lesen auf Kassette auf und versuche es zu verbessern. Lies dein Gedicht anderen Kindern vor.
4. Suche aus den bereitliegenden Lesebüchern Wetter-Gedichte heraus, vergleiche sie, ordne sie und zeige sie anderen Kindern.
5. Suche ein Gedicht aus, lies es mehrmals und versuche, Bewegungen zu dem Text zu machen, nämlich das Gedicht darzustellen. Du wirst merken, dass dann das Lesen leichter geht und das Einprägen auch. Führe deine Darstellung anderen Kindern vor.
6. Suche dir aus der vorliegenden Wörtersammlung einige Wörter heraus und baue aus ihnen ein Gedicht. Füge bitte keine anderen Wörter hinzu. Lies deinen Text anderen Kindern vor.

Kommentar

Das Arbeiten an Stationen kam den Kindern sehr entgegen. Sie konnten sich frei entscheiden, fanden den Reiz der verschiedenen Zugänge heraus, d. h., die meisten Kinder durchliefen alle sechs Stationen in unterschiedlicher Reihenfolge. Sämtliche Ergebnisse begeisterten die anderen Kinder, und das natürlich auch, weil alle Kinder selbst Versuche unternommen hatten.

Lyrikwerkstatt

Der entscheidende Schritt – ein eigenes Gedicht zu schreiben – bedurfte einerseits eines genaueren, engeren Auftrags, andererseits der offenen Arbeitsatmosphäre in einer Werkstatt. Sie ließ zu, dass die Kinder sich jederzeit (leise) austauschen, Hilfen und Bestätigungen bei den anderen Kindern oder auch bei der Lehrerin suchen konnten. So entstanden Phasen der Konzentration, abgelöst durch Phasen der Kommunikation, und das für jedes Kind. Dieser Rhythmus entsprach offenbar den kindlichen Arbeitsweisen und -motivationen.

Vier verschiedene, unterschiedlich schwierige Aufgaben waren vorbereitet und sie führten zu vier Lösungen:

1. Aufgabe

Lies das Gedicht von Jürgen Spohn:

Wie Wo Wann Warum

Warum ist das Feuer heiß?
Warum ist der Schneemann weiß?
Wer hat den Himmel blau gemacht?
Wer hat die Oma fortgebracht?
Wann bin ich auch so groß wie du?
Wann kommt die Milch raus aus der Kuh?
Wo ist das Ende von der Welt?
Wo wird der Regen abgestellt?
Wie kommt das Ferkel aus dem Schwein?
Und wie denn kam es vorher rein?

(Jürgen Spohn)

Kannst du selbst ein Wie- oder Wo- oder Wann- oder Warum-Gedicht zum Thema „Wetter" schreiben?

Warum ist der Regen nass?
Warum sagen wir oft was?
Warum sind die Blumen rot?
Warum kriegen Vögel Brot?
Warum ist das Eis so kalt?
Warum wird das Eis nicht alt?
Warum sind die Blitze hell?
Warum ist der Donner schnell?
Warum?

(Fabian)

2. Aufgabe

(Auf dem Arbeitsblatt war das Bild eines geöffneten Fensters zu sehen.)
Welches Wetter siehst du, wenn du aus deinem Fenster guckst? Schreibe
dein Wettergedicht.

Der Blick aus meinem Fenster

Die Sonne scheint mich an,
so komm ich schnell voran.
Am Himmel ziehen Wolken hin,
und ich kriege den Hauptgewinn.

(Jan-Niklas)

3. Aufgabe

(Auf dem Arbeitsblatt gab es zu dem Text „Opa steht am Fenster und geht
mit den Augen spazieren. Er sieht Aprilwetter" ein passendes Bild, auf dem
ein Kind neben dem Opa steht.)
Schreibe zu dieser Geschichte ein Gedicht.

Spaziergang hinterm Fenster

Was machst du da am Fenster,
regnet es Gespenster?
Ja.
Das Wetter ist heut gar nicht schön,
drum muss ich so spazieren gehn.

(Stefanie)

4. Aufgabe

(Hier waren ein ganzer und ein geschmolzener Schneemann zu sehen.)
Kannst du zu diesen Bildern ein Gedicht schreiben?

Der Schneemann

Es war einmal ein Schneemann.
Er wohnte auf Fehmann.
Mit seiner roten Nas
stand er im schneebedeckten Gras.
War breit und kugelrund
und kerngesund.
Und als die Sonne scheinte,
schmolzte er und weinte.
Es blieb sein Hut aus Leder
mit einer bunten Feder.

(Salih)

Kommentar

Die freie, gleichzeitig angeleitete Arbeit führte durchaus zu dem Wechsel
zwischen Konzentration und Kommunikation. Die Kinder waren auch viel
unterwegs, sich auszutauschen, Anregungen und Korrekturen von den anderen Kindern aufzunehmen. Jedes Kind war mit seinem Text beschäftigt,
auch ihn zu verändern. Der Entstehungsprozess war das Wichtigste. Die
Wörter „scheinte" (statt „schien") und „schmolzte" (statt „schmolz") wurden heftig diskutiert, schließlich – auch auf unser Betreiben – als dichterische Freiheit akzeptiert.

Lesung

Zur Präsentation der Ergebnisse wurde eine „Dichterlesung" organisiert.
Die Kinder kümmerten sich um die Ausstattung des Raumes, die Aufstel-
lung eines Dichterstuhls. Sie legten eine Reihenfolge der Darbietungen fest.
Sie entwarfen eine Einladung an die Eltern. Viele Eltern erschienen und kamen miteinander und mit den Kindern ins Gespräch.

Kommentar

Die Lesung, ganz am Anfang schon erwähnt, motivierte und war ein wichtiger, die Leistung der Kinder anerkennender Unterrichtsschritt. Es zeigte
sich, dass die Kinder sich wiederholt um „ihre" Texte bemühten.

Mit Sprache spielen: Elfchen
(Anfang 3. Schuljahr)

(durchgeführt von Gabriele Grunwald)

Thema

Elfchen sind kurze Texte aus fünf Zeilen. Die Zeilen bestehen jeweils aus:
– einem Wort,
– zwei Wörtern,
– drei Wörtern,
– vier Wörtern und
– wieder aus einem Wort.

Zusammen sind das die elf Wörter des Elfchens. Die Inhalte sind unbegrenzt, eine Möglichkeit, einen Anhaltspunkt vorzugeben, ist so:
1. Zeile: Was siehst du?
2. Zeile: Wo siehst du es?
3. Zeile: Wie sieht es aus?
4. Zeile: Was hast du gefühlt oder gedacht?
5. Zeile: Welches Wort fällt dir zum Schluss ein?

Unterrichtsverlauf

Zuerst wurde die Klasse in zwei Gruppen aufgeteilt, um mehr Ruhe und eine bessere Konzentration zu ermöglichen. Zwei Lehrkräfte arbeiteten parallel in zwei verschiedenen Räumen. Zur Einstimmung begannen wir mit einer Bewegungsreise in den Hexenzauberwald.

„Stellt euch vor, es ist Herbst. Es wird immer kälter und wir haben kein Holz mehr für den Ofen und keine Kräuter mehr, um uns eine Suppe zu kochen. Wir müssen in den Hexenzauberwald gehen. Wir stehen auf und gehen langsam auf der Stelle. Wir ziehen uns an: die Hose, einen Pullover, dicke Schuhe, eine Jacke, Handschuhe, und – ach, jetzt fängt es auch noch an zu schneien – eine Mütze. Wir packen uns einen Korb für das Holz auf den Rücken und für die Kräuter einen kleinen Beutel vor den Bauch. Gemeinsam gehen wir schnell (drei Runden im Klassenraum) und gelangen an den Rand des Hexenzauberwaldes. Wir bücken uns und werfen die ersten Zweige in den Korb. Der Wald ist dunkel und geheimnisvoll. Wir hören Vögel zwitschern und riechen das feuchte Moos. Bäume um uns herum, Laub auf dem Boden. Zweige knacken, Laub raschelt *(Spaghetti brechen, mit der Tüte rascheln)*. Dicht beieinander kommen wir vorwärts.

Plötzlich stehen wir vor einem großen See …

Plötzlich ein Donner …

Plötzlich ein Knacken im Gebüsch …
Endlich stehen wir auf einer Wiese – gerettet. Wir lassen uns ins Gras fallen wie auf eine weiche Decke. Wir sind erschöpft.
Unsere Augen fallen zu."
Mobiliar und Geräuschinstrumente wurden in die Bewegungsreise einbezogen. Die in der Geschichte vorkommenden Bewegungsformen wie Springen, Laufen, Kriechen usw. machten die Kinder nach und agierten so Spannungen aus. Einige Kinder hatten Schwierigkeiten mit den Kleidungsstücken, die sie pantomimisch einbeziehen sollten. Es fielen Zwischenbemerkungen, bis die Kinder sich endlich auf die Geschichte einlassen konnten. Bei der Handtrommel für lauteres Geräusch und schnelleres Laufen wurden die Kinder ausgelassen, sie rannten und schrien. Wirkliche Ruhe gab es erst im Gras, auf der Wolldecke liegend. Es brauchte Zeit, eine konzentrierte Stimmung zu erlangen, die Stille für eigene Gedanken.

Nach dieser Vorbereitung folgte eine Meditation nach Musik. Die Meditation sollte das Bindeglied zwischen der Bewegungsreise und der Erfindung der Elfchen sein. Für den Ausgangsgedanken ihrer kleinen Texte sollten die Kinder frei werden. Das anfängliche Gekicher – Zeichen der Verlegenheit – verstummte, als die Musik einsetzte. Die Kinder kannten Traumreisen und fanden sich schnell zurecht.

„Alles ist ruhig. Du bist schwer, warm und ruhig. Du bist ruhig und entspannt. Du fühlst, wie dein Körper den Boden berührt. Deine Arme liegen neben deinem Körper. Du fühlst, wie deine Schultern am Boden liegen. Du fühlst, wie dein Rücken am Boden liegt. Du fühlst, wie dein Po am Boden liegt. Du fühlst, wie deine Beine am Boden liegen. Auch dein Gesicht ist entspannt und fühlt sich gut an. Gedanken ziehen vorbei. Du hörst deinen Atem: ein – aus, ein – aus … Du bist schwer, warm und ruhig. Du bist in den Wald gegangen. Hast du ein Geräusch gehört? Hast du etwas gesehen? Was war es? Lasse dir Zeit! Mit einem Gedanken wachst du ganz langsam auf."

Die Kinder erhielten nun große Schreibbögen mit viel Platz für ihr Eingangswort. Sie notierten es in großen Buchstaben am oberen Rand. Einige Kinder riefen uns und sagten uns ihr Wort ins Ohr, dann schrieben sie es auf. „Ich habe BÄR geschrieben." „Ich habe WOLF geschrieben." „Ich habe HEXENHAUS geschrieben." …

Wir leiteten sie an, weiter zu schreiben: „Schreib jetzt unter deinem Wort weiter.
Zeile 2: Das, was du gesehen hast, wo war das? Zwei Wörter!
Zeile 3: Wie sieht es aus? Drei Wörter!
Zeile 4: Was hast du gefühlt oder gedacht? Vier Wörter!
Zeile 5: Ein Wort, das dir noch einfällt. Ein Wort!"

Die Kinder waren sehr damit beschäftigt, die jeweilige Frage zu verstehen und passend zu beantworten. Schließlich galt es ja auch, die Anzahl der Wörter zu beachten. Gelegentliche Hilfen waren selbstverständlich. Nachdem alle Kinder ihre Texte geschrieben hatten, sagten wir: „Ihr habt gerade ein Gedicht geschrieben: ein Elfchen!" Der Begriff wurde an die Tafel geschrieben und von den Kindern gleich erklärt: „Ich weiß es: weil es elf Wörter sind."

Ergebnisse

Mehmet: Hexenhaus / Im Wald / Rot, weiß, schwarz / Ich habe gedacht: schrecklich / Toll.

Julian: Haus / Im Wald / Es ist grün / Ich habe Moos gefühlt / Hexe.

Jenny: Hexe / Hexe, Haus / Grün, rot, gelb / Ich finde die böse / Böse.

Ilja: Baum / Im Wald / Braun und grün / Ich bin drüber gesprungen / Gut.

Fazit

Ist unsere Vorstellung von „Elfchen" erfüllt? Alle Kinder haben ein Produkt erstellt. Die Harmonie zwischen Bewegung und Stille, die anscheinend dem Biorhythmus der Kinder entsprach, ermöglichte es ihnen, ein Gedicht zu verfassen. Sie waren in eine Fantasiewelt hinabgetaucht, aus der sie repräsentative Wörter mitbringen konnten. Weitere Wörter und unsere Zuwendung halfen ihnen, das diffuse Erlebnis zu ordnen. Die Kinder trauten sich im Anschluss, ihre kleinen Werke vorzulesen, und waren stolz.

(Originaltext)　　von : Ashante. Röpke.

Hexenhaus
Im Wald
Schiefes Wind-Dach
Ich finde es rauh
Hexe

Quellenangaben

Bilder/Texte:

S. 15: Zeichnung von Inga Weiland (Originalbeitrag)

S. 20: Zeichnung von Janine Tanriverdi (Originalbeitrag)

S. 35: Zeichnung von Ulf Carow. Aus: Hans-Joachim Gelberg (Hg.), Die Erde ist mein Haus, 1988 Beltz Verlag, Weinheim und Basel, Programm Beltz & Gelberg, Weinheim, S. 187

S. 49: Bild: Gertrud Zucker, Lesebuch Bücherkiste 2, Volk und Wissen Verlag, Berlin 1997, S. 134; Text: Walther Petri, Ein Käfig. Aus: ders., Humbug ist eine Bahnstation. Der Kinderbuchverlag, Berlin 1980

S. 50: Bild und Text aus: Detlef Kersten: Kannst du das, was Tiere können? © 1986 by Ravensburger Buchverlag Otto Maier GmbH, Ravensburg

S. 51: Bild: G. J. W. Vieth, Lesebuch Mobile 2, Westermann Schulbuchverlag, Braunschweig 1991, S. 119; Text: Max Kruse, Hexenküche. Aus: Die bunte Kinderschaukel, Annette Betz Verlag, Wien 1978, © Max Kruse

S. 52: Bild: Angelika Citak, Lesebuch Pusteblume 2, S. 126, Schroedel Verlag, Hannover 2000; Text: Knister, Leise Geräusche. Aus: Knister/Paul Maar, Frühling, Spiele, Herbst und Lieder, © Cecilie Dressler Verlag, Hamburg

S. 53: Bild aus: Tomi Ungerer, Das Große Liederbuch, Copyright © 1975 by Diogenes Verlag AG Zürich, Text: Volksgut

S. 54: Bild: Barbara Schumann, Bücherwurm Lesebuch 2, Ernst Klett Schulbuchverlag, Leipzig, Stuttgart und Düsseldorf 1997, S. 158, © Barbara Schumann; Text: Gerald Jatzek, Die Zeit. Aus: Hans-Joachim Gelberg (Hg.), Was für ein Glück, 1993 Beltz Verlag, Weinheim und Basel, Programm Beltz & Gelberg, Weinheim

S. 55: Bild: G. J. W. Vieth, Lesebuch Mobile 2, Westermann Schulbuchverlag, Braunschweig 1991, S. 61; Text: Cicely M. Barker, Haselnuss. Aus: dies., Frühling - Sommer – Herbst – Winter. Es wohnt ein Elf in jeder Blüte, Verlag Orell-Füssli/Parabel-Verlag, Zürich/Feldafing 1986

S. 56: Bild: Wassily Kandinski: Verschiedene Kreise 1926, © VG Bild-Kunst, Bonn 2002, Text: Jürgen Spohn, Wo ist die Zeit? Aus: Drunter und drüber, Bertelsmann Verlag, München 1981, © Barbara Spohn

Texte:

S. 7: Walther Petri, Gedichte sind Briefe. Aus: ders. und G. Neumann, Tohuwabohu, Der Kinderbuchverlag, Berlin 1986

S. 10: Hanna Muschg, Ein Krokodil. Aus: Hans-Joachim Gelberg (Hg.), Überall und neben dir. 1989 Beltz Verlag, Weinheim und Basel, Programm Beltz & Gelberg, Weinheim

S. 14: © James Krüss, 1961, „Die Welt zuunterst – zuoberst" aus der Sammlung „Der wohltemperierte Leierkasten", erschienen im C. Bertelsmann Jugendbuch Verlag, ein Unternehmen der Verlagsgruppe Random House, München

S. 16: Erwin Grosche, Das Herz. Aus: Hans-Joachim Gelberg (Hg.), Oder die Entdeckung der Welt. 1997 Beltz Verlag, Weinheim und Basel, Programm Beltz & Gelberg, Weinheim

S. 18: Rosita Davidson, Die Rache. Aus: Hans-Joachim Gelberg (Hg.), Oder die Entdeckung der Welt, 1997 Beltz Verlag, Weinheim und Basel, Programm Beltz & Gelberg, Weinheim

S. 57: Peter Hacks, Die Blätter an meinem Kalender, Aus: ders., Der Flohmarkt. Der Kinderbuchverlag, Berlin 1965

S. 58: Bruno Schönlank, Vorfrühling. Aus: Paul Faulbaum (Hg.), Sonniges Jugendland Bd.2, A.W. Zickfeldt Verlag, Hannover 1960

S. 58: Peter Hacks, Der Herbst steht auf der Leiter. Aus: ders., Der Flohmarkt. Der Kinderbuchverlag, Berlin 1965

S. 59: Erich Jooß, Das neue Grün. Aus: ders.,12 Monate hat das Jahr, Echter Verlag, Würzburg 1992, © Erich Jooß

S. 59: Christine Busta, Der Sommer. Aus: dies., Die Sternenmühle, © Otto Müller Verlag, Salzburg 1959

S. 59: Imma Bodmershof, Winterbilder. Aus: dies., Haiku, Albert Langen/Georg Müller Verlag München 1962

S. 60: Ursula Wölfel, Heute bin ich ... Aus: dies., 25 winzige Geschichten, Verlag Thienemann, Stuttgart – Wien o. J., © Ursula Wölfel

S. 60: Roswitha Fröhlich, Ich will euch erzählen. Aus: dies., Na hör mal! Otto Maier Verlag Ravensburg 1980, © Roswitha Fröhlich

S. 61: Nein. Aus: Mücki und Max Heft 10/1991, Universum Wiesbaden 1991

S. 61: Manfred Mai, Meine Schwester. Aus: Lesebuch Mobile 3, Westermann Verlag, Braunschweig 1997, © Manfred Mai

S. 61: Martin Auer, Kopfhaus. Aus: Der bunte Hund Nr. 14, Verlag Beltz & Gelberg, Weinheim und Basel 1986

S. 62: Johann Wolfgang Goethe, Die Frösche. Aus: Goethes Werke, Christian Wegner Verlag, Hamburg 1962

S. 62: Viktoria Ruika-Franz, Mein Dackel kann lachen. Aus: Ich bin Kolumbus, Der Kinderbuchverlag, Berlin 1975

S. 62: Hans Baumann, Schwarze Katze bei Nacht. Aus: ders., Buchstaben zu verkaufen, Loewes Verlag, Bayreuth 1970

S. 63: Alfons Schweiggert, Schwalbenflug. Aus: ders., Seht, wie die Zeit vergeht, 1976 Beltz Verlag, Weinheim und Basel, Programm Beltz & Gelberg, Weinheim, © Alfons Schweiggert

S. 63: Josef Guggenmos, Sieben kecke kecke Schnirkelschnecken. Aus: ders., Die Nadel sagt zum Luftballon, Domino Verlag Günther Brinek 1986

S. 63: Hedwig Diestel, Das Eichhörnchen. Aus: Rhythmen und Reime, Arbeitsmaterial aus den Waldorfkindergärten, Heft 6, Verlag Freies Geistesleben, Stuttgart 1977

S. 64: Friedl Hofbauer, Was ist eine Wiese? Aus: Georg Bydlinski (Hg.), Der Wünschelbaum, Verlag Herder, Freiburg 1992

S. 64: Rainer Kirsch, Der Wind ist aus Luft. Aus: ders., Sonne, schieb die Wolken weg, Der Kinderbuchverlag, Berlin 1970

S. 65: Georg Britting, Kurzer Juliregen, Aus dem Nachlass, Nymphenburger Verlagsanstalt, München o. J.

S. 65: Ursula Wölfel, Nebelspruch. Aus: Wunderwelt 3. Schuljahr, Schwann Verlag, Düsseldorf 1968, © Ursula Wölfel

S. 65: Rolf Bongs, Hochwasser. Aus: ders., Ich sah, dass die Bäume zu gehen begannen. Claassen Verlag, Düsseldorf 1984

S. 66: Martin Auer, Über die Erde. Aus: Hans-Joachim Gelberg (Hg.), Überall und neben dir, 1989 Beltz Verlag, Weinheim und Basel, Programm Beltz & Gelberg, Weinheim

S. 67: Herbert Lehmann, Wundersame Hilfe. Aus: ders., Wortspielwitz und Rätselspaß, © 1995 by Arena Verlag GmbH, Würzburg

S. 67: Peter Hacks, Zauberstab und Zauberhut. Aus: ders., Zur Schule geh ich seit drei Tagen. Der Kinderbuchverlag, Berlin 1973

S. 68: Andreas Röckener, Dreizehn Drachen. Aus: Mücki und Max Heft 11/1991, Universum Verlag, Wiesbaden 1991, © Andreas Röckener

S. 68: Peter Härtling, Murmelverse. Aus: ders., Spielgeist, Spiegelgeist, Henry Goverts Verlag, Stuttgart 1962

S. 68: Frantz Wittkamp, Manchmal. Aus: ders., Ich glaube, dass du ein Vogel bist. 1987 Beltz Verlag, Weinheim und Basel, Programm Beltz & Gelberg, Weinheim

S. 69: Josef Guggenmos, Zwölf Schubladen. Aus: Ich will dir was verraten, 1992 Beltz Verlag, Weinheim und Basel, Programm Beltz & Gelberg, Weinheim

S. 70: Georg Bydlinski, Fernsehen. Aus: Die bunte Brücke, Herder Verlag, Basel/Freiburg/Wien 1992, © Georg Bydlinski

S. 70: Kurt Wölfflin, Geisterstunde. Aus: W. Harrandt (Hg.), Im Pfirsich wohnt der Pfirsichkern, St. Gabriel Verlag, Mödling 1994

S. 70: BB, SMS-Botschaft (Originalbeitrag)

S. 70: Dieter Mucke, Unerhörte Begebenheit. Aus: ders., Freche Vögel. Der Kinderbuchverlag Berlin 1977

S. 71: Shel Silverstein, Jimmy Spät und sein Fernsehgerät (übersetzt von Frederik Vahle). Aus: Wo der Gehweg endet, Middelhauve Verlag, Köln 1987

S. 71: Harald Braem, Computerlied. Aus: Hans-Joachim Gelberg (Hg.), Die Erde ist mein Haus, 1988 Beltz Verlag, Weinheim und Basel, Programm Beltz & Gelberg, Weinheim

S. 72: Christine Busta, Für den Winterabend. Aus: dies., Die Sternenmühle, © Otto Müller Verlag, Salzburg 1959

S. 73: Theodor Storm, Ein grünes Blatt. Aus: H. Stolzenburg u.a., Mein Baumbüchlein, ABC-Zeitung (Beilage) 1987

S. 73: Robert Louis Stevenson, Spiegelnder Fluss. Aus: ders., Mein Königreich, Deutscher Taschenbuch Verlag, München 1975

S. 73: Bertolt Brecht, Der Rauch. Aus: Werke. Große kommentierte Berliner und Frankfurter Ausgabe, Band 12, © Suhrkamp Verlag Frankfurt 1988

S. 74: Arno Holz, Im Gras. Aus: W. D. Jägel, Epochen Deutscher Dichtung, Ferdinand Schöningh Verlag, Paderborn 1967

S. 74: Countee Cullen, Incident (Erlebnis). From: On These I Stand An Anthology of the best Poems of Countee Cullen, Harper & Row Publishers, New York and Evanston 1925 ff.

S. 75: Vera Ferra-Mikura, Was meinst du dazu? Aus: Hans-Joachim Gelberg (Hg.), Die Stadt der Kinder, Georg Bitter Verlag, Recklinghausen 1969

S. 75: Josef Guggenmos, Neujahrsnacht. Aus: ders., Was denkt die Maus am Donnerstag? 1998 Beltz Verlag, Weinheim und Basel, Programm Beltz & Gelberg, Weinheim

S. 75: Jo Schulz, Vom Nutzen des Purzelbaumschlagens. Aus: Poesie und Purzelbaum, Henschel Verlag, Berlin 1971

S. 76: Rudolf Otto Wiemer, Die Taube spricht. Aus: ders., Sehnsucht der Krokodile, Göttinger Tageblatt, Göttingen 1985, © Rudolf Otto Wiemer Erben

S. 76: Josef Guggenmos, Wegwarte. Aus: Hans-Joachim Gelberg (Hg.), Überall und neben dir, 1989 Beltz Verlag, Weinheim und Basel, Programm Beltz & Gelberg, Weinheim

S. 76: Jutta Richter, Weihnachten. Aus: dies., Der Sommer schmeckt wie Himbeereis, C. Bertelsmann Verlag, München 1990, © Jutta Richter

S. 77: James Krüss, Die Biene Liane. Aus: ders., James Tierleben, © Carlsen Verlag GmbH, Hamburg

S. 78: Hans A. Halbey, Urlaubsfahrt. Aus: Hans-Joachim Gelberg (Hg.), Menschengeschichten. 1975 Beltz Verlag, Weinheim und Basel, Programm Beltz & Gelberg, Weinheim

S. 78: Anastasius Grün, Zwei Heimgekehrte. Aus: L. Reiners (Hg.), Der ewige Brunnen, C. H. Beck Verlag, München 1955

S. 79: Bertolt Brecht, Der Kirschdieb. Aus: Werke. Große kommentierte Berliner und Frankfurter Ausgabe, Band 12, © Suhrkamp Verlag Frankfurt 1988

S. 79: Johann Wolfgang Goethe, Gefunden. Aus: Goethe – Sämtliche Werke, Cotta'sche Verlagshandlung, Stuttgart und Berlin o. J.

S. 79: Rainer Maria Rilke, Advent. Aus: Rilke - Gesammelte Werke Band 1, Insel Verlag Anton Kippenberg, Leipzig 1927

S. 80: Bruno Horst Bull, Die bösen Buben. Aus: ders., Aus dem Kinderwunderland, Herder Verlag, Freiburg 1968, © by the author

S. 81: Josephine Hirsch, Das Burggespenst. Aus: dies., Im Zauberwald, Verlag Herder, Freiburg 1989

S. 81: Ernst Jandl, fünfter sein. Aus: ders., Norman Junge fünfter sein, Hermann Luchterhand Verlag, Darmstadt und Neuwied 1970

S. 82: Josef Guggenmos, Kappenkauf. Aus: ders., Oh, Verzeihung, sagte die Ameise, 1990 Beltz Verlag, Weinheim und Basel, Programm Beltz & Gelberg, Weinheim

S. 82: Christa Reinig, Kriegslied des Dakotahäuptlings Regengesicht (hier ohne Titel abgedruckt). Aus: Hans-Joachim Gelberg (Hg.), Die Stadt der Kinder, Georg Bitter Verlag, Recklinghausen 1969

S. 82: Günter Saalmann, Lob der Dase. Aus: Klaus Ensikat, Günter Saalmann, Füchse, Fez und Firlefanz, Copyright © 1992 by Rowohlt Taschenbuch Verlag GmbH, Reinbek bei Hamburg

S. 84: Frantz Wittkamp, Warum sich Raben streiten. Aus: Hans-Joachim Gelberg (Hg.), Überall und neben dir, 1989 Beltz Verlag, Weinheim und Basel, Programm Beltz & Gelberg, Weinheim

S. 84: Jürgen Spohn, Ich. Aus: Drunter & Drüber. Verse zum Vorsagen, Nachsagen, Weitersagen, Bertelsmann Verlag, München 1980, © Barbara Spohn

S. 85: Irmela Brender, Wir. Aus: J. Fuhrmann (Hg.), Gedichte für Anfänger, Rowohlt Verlag, Reinbek 1980, © Irmela Brender

S. 87: Jürgen Spohn, Am Ende der Leiter. Aus: Drunter & Drüber. Verse zum Vorsagen, Nachsagen, Weitersagen, Bertelsmann Verlag, München 1980, © Barbara Spohn

S. 97: Volker Braun, Der Regen. Aus: Im Querschnitt, Mitteldeutscher Verlag, Leipzig/Halle 1978
S. 99: Jürgen Spohn, Wie Wo Was Warum. Aus: Drunter & Drüber. Verse zum Vorsagen, Nachsagen, Weitersagen, Bertelsmann Verlag, München 1980, © Barbara Spohn

Nicht in allen Fällen war es uns möglich, den Rechteinhaber ausfindig zu machen. Berechtigte Ansprüche werden selbstverständlich im Rahmen der üblichen Vereinbarungen abgegolten. Wir bitten um Verständnis.

Literatur

Claus Forytta/Eva Hanke (Hrsg.), Lyrik für Kinder – gestalten und aneignen. Frankfurt/Main 1989
Kurt Franz, Kinderlyrik. München 1979
Dietrich Grünewald, Illustration im Unterricht. In: Kunst und Unterricht, Heft 59/1980, S. 24–32
Hans-Jürgen Kliewer, „Wem nie die Drossel sang" – Didaktische Überlegungen zum Gedicht. In: Duderstadt/Forytta (Hrsg.), Literarisches Lernen. Frankfurt/Main 1999
Magda Motté, Moderne Kinderlyrik. Frankfurt/Main 1983
Magda Motté, Kinderlyrik, Begriff und Geschichte. In: Forytta/Hanke, a. a. O.
Harald Reger, Kinderlyrik in der Grundschule. Baltmannsweiler 1990
Günter Waldmann, Grundzüge von Theorie und Praxis eines produktionsorientierten Literaturunterrichts. In: Baurmann/Hoppe (Hrsg.), Handbuch Deutschunterricht, Sekundarstufe I. Paderborn 1984
Günter Waldmann, Produktiver Umgang mit Lyrik. Baltmannsweiler 1988

Verzeichnis der Gedichte